别输在不会聊天

卢东杰 编著

南京出版传媒集团
南京出版社

图书在版编目（CIP）数据

别输在不会聊天 / 卢东杰编著. —南京：南京出版社，2018.5

ISBN 978-7-5533-2181-3

Ⅰ. ①别… Ⅱ. ①卢… Ⅲ. ①语言艺术－通俗读物 Ⅳ. ①H019-49

中国版本图书馆CIP数据核字（2018）第060933号

书　　名：别输在不会聊天
作　　者：卢东杰
出版发行：南京出版传媒集团
南 京 出 版 社

社址：南京市太平门街53号　**邮编**：210016
网址：http://www.njcbs.cn　**电子信箱**：njcbs1988@163.com
天猫1店：https://njcbcmjtts.tmall.com　**天猫2店**：https://nanjingchubanshets.tmall.com
联系电话：025-83283893、83283864（营销）025-83112257（编务）

出 版 人：项晓宁
出 品 人：卢海鸣
责任编辑：金　欣
装帧设计：MXK DESIGN STUDIO Q:1765628429
责任印制：杨福彬

策　　划：日知图书（www.rzbook.com）
印　　刷：北京文昌阁彩色印刷有限责任公司
开　　本：710毫米×1000毫米　1/16
印　　张：14
字　　数：140千字
版　　次：2018年5月第1版
印　　次：2018年5月第1次印刷
书　　号：ISBN 978-7-5533-2181-3
定　　价：49.00元

营销分类：励志

前言

人的一张嘴有两种功能，一是吃喝，二是说话。吃喝可以让我们避免饥饿之苦，满足生理需求；而说话，则可以让我们实现人际交往，提高成功概率。在人已无须为饮食发愁的年代，会说话无疑是人们更为迫切的需求。

当今社会是一个讲求效率和速度的时代，一句话即能获得他人青睐，一分钟就能赢得他人好感，这无疑是很多人梦寐以求的事情。有没有这种可能呢？答案是肯定的。

打猎时瞄准猎物，一枚子弹就能击毙猎物；而随性发射，再多的子弹也可能击不中目标，甚至还会吓跑猎物。说话就像打猎，而猎物就好比人的心理需求，一句话能够抓住人的心理需求，立刻就能赢得他人好感。相反，自顾自地滔滔不绝除了让人感觉乏味之外，还可能会惹来他人厌烦。说话贵精不贵多，正中人心的话，一分钟就能赢得好人缘儿。

卡耐基说，一个人的成功，15%取决于知识与能力，85%取决于表达和沟通的能力。成功的人生，口才就是这么重要！《别输在不会聊天》就是这样一本帮助你充满热情、有的放矢、抓住人心、巧妙应对的书。

沟通是什么？就是让别人听懂并接受你的话。这两个字说起来容易，做起来很难，因为每个人都有固定的思维，所以沟通就成了难题。

对家人、对朋友、对亲近的人只要有话直说、实话实说就够了，还需要花心思、费脑筋吗？很多人这么想、这么做，结果却碰了壁，与亲人、朋友之间产生了误解、嫌隙，甚至造成了伤害。

对同事、对客户、对合作伙伴只要真诚友善，就可以收获和谐的人际关系和顺风顺水的生意吗？当然不是，在任何人面前，表达和沟通能力都很重要。

石油大王洛克菲勒说："假如人际沟通能力也是同糖或咖啡一样的商品的话，我愿意付出比太阳底下任何东西都珍贵的价格购买这种能力。"柯达之父乔治·伊斯曼也说："人生的幸福就是人际关系的幸福，人生的成功就是人际沟通的成功。"

与人相处是一门学问，与人沟通是一门艺术，你越早接触、揣摩，就会越快接近成功和幸福。

C·O·N·T·E·N·T·S

目 录

第一章 一分钟打动人心

微笑是最好的名片 / 2
称呼中有玄机 / 6
妙用修辞，语出惊人 / 9
言辞幽默是交谈的最高境界 / 12
投其所好，事半功倍 / 15
煲好赞美这碗汤 / 18
练就一双洞察人心的火眼金睛 / 21
倾听也是一种交流 / 24
不要随意打断别人 / 28
倾听是礼貌的表现 / 31

第二章 凝结正能量，好口才来自好修养

准确记住他的名字 / 36
讲好初次见面的开场白 / 40
称呼也有大学问 / 45
自我介绍要雷人，调侃一下也无妨 / 48
感恩之心，让你幸福 / 52
赞美送出，好人缘儿就来了 / 56
发挥正能量，心态乐观成就好口才 / 60
言语得体赚得好人缘儿 / 64
人无信不立，言而有信才会惹人爱 / 69
出口谦虚有礼，态度决定高度 / 73
人若心宽，话语自温暖 / 78
做个感染他人的小太阳 / 81

第三章 做得好也要说得好，会说话方能事事如愿

忍让克制是良好的修养 / 86
揣摩人心，说话掷地有声 / 90
言语搭配动作，别忽视身体语言 / 95
请人帮忙，以真诚打动人心 / 99

借力打力，逐客令也有人情味 / 103
人人都爱面子，切莫把话说绝 / 107
倾听是种礼貌，更是一种交流 / 112
真正的口才高手都是善于听的人 / 115
快速赢得好感，善用附和的魔力 / 118
不容忽视的言行举止 / 123
透视微表情，洞察人心方能一语中的 / 128

第四章 遭遇分歧，化解争端有技巧

话说对了，事儿就解决了 / 132
别做无谓的争辩 / 136
为批评加上糖衣吧 / 139
错了就承认，别因面子伤了自己 / 143
按部就班去说服，就能得偿所愿 / 146
拒绝请求要“拒”而不“绝” / 151
赞美和鼓励比批评更有效 / 154
说话也有好时机 / 157
切莫论人长短，背后赞扬得人心 / 161
迂回曲折，话要说得八面玲珑 / 165

猜透心理再说话 / 169
话别说满，给自己留条退路 / 173

第五章 寻求合作与帮助的秘诀

语气比语意更重要 / 178
关上抱怨的闸门 / 181
小心手势的禁忌 / 184
让批评的话在蜜糖里打个滚儿 / 187
一见如故好办事 / 189
用恭维“逼”对方出手相助 / 191
诱“敌”深入，成功达到自己的目的 / 195
巧妙地把“借”字说出口 / 198
小付出换取大回报 / 201
放眼长远，实现价值最大化 / 204
敢于冒险和尝试 / 207
大度可容天下事 / 210
用闲聊拉近彼此的距离 / 213

第一章

一分钟打动人心

你知道吗？你只有十秒钟的时间给别人留下第一印象，只有一分钟的时间向别人展示你的交往价值。这也许不公平，但这就是事实。在竞争激烈的现代社会，人们没有时间去慢慢认识你，只能在有效的时间内迅速做出判断，而且，一旦得出第一印象就很难改变。

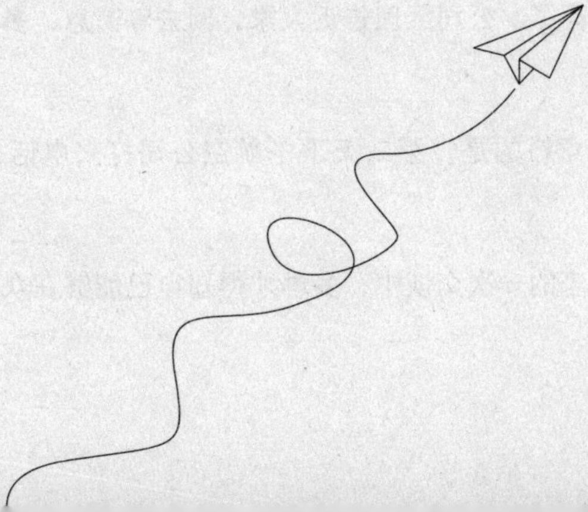

微笑是最好的名片

/
"微笑是两个人之间最短的距离。"
人际交往中保持微笑，
会让别人感觉如沐春风，非常温暖。
/

在人际交往中，微笑是最好的名片，它能展示你最好的形象，帮助你取得成功。

多琳是一所名牌大学的毕业生，她成绩优秀、温婉大方。她从小的梦想就是当一名空姐，在蓝天上自由飞翔。

这几天，多琳一直在忙着找工作。

一天，多琳接到了一家航空公司的面试通知。多琳别提有多高兴了，她精心准备了一番。几轮面试下来，多琳就有些灰心了，因为公司的要求太高了。公司经理告诉大家，回去等消息，多琳也没抱太大的希望。

出人意料的是，第二天下午航空公司打来电话，告诉多琳被录取了。

在后来的一次交谈中，多琳才得知自己能够在众多应聘者中过关斩将、脱颖而出的原因。空姐每天都在世界各地飞行，代表着国家的形象、公司的门面，所以，发自内心的微笑是一个空姐最重要的素质。而多琳在整个面试的过程中，脸上始终带着迷人的甜美微笑。微笑会感染乘客，感染身边的每一个人，所以她正是公司需要的人。

微笑可以给自己创造机会，带来成功。我们也应该像多琳那样，无论做什么事，都微笑着面对。

微笑还被人们誉为“解语之花，忘忧之草”，微笑中蕴含着幸福和希望，洋溢着美好与祝福。

维克和威尔是好朋友，维克待人友善，脸上总是挂着微笑，人见人爱，而威尔是一个消极、忧郁的人。

一天，威尔找到维克，说他也想像维克那样快乐地生活，只是苦于不知道该如何做。维克听了威尔的话，告诉威尔：“请学会微笑吧，向所有的一切。”

于是，威尔按着维克的指引，去寻找微笑，去付出微笑。

半年过后，一个快乐的威尔来到维克面前。

现在，威尔充满自信，他的嘴角总是挂着真诚的微笑。

威尔说：“当我把微笑送给那位我曾熟视无睹的送报者，而他也还我以同样真诚的微笑时，我发现天是那么蓝，树是那么绿，送报者离去时哼着的歌是那么动听！”

“当我微笑着对那位不小心把菜汤洒在我身上的侍者说‘没关系’

时，我收获了他发自内心的感激，我似乎看见了人与人之间流动着的温情，这温情驱散了我内心聚积着的阴云。”

“后来，我不再吝惜我的微笑。我微笑地面对街边独行的老人、天真无邪的孩子，甚至那些曾经辱骂过我的人。我发现，微笑让我更加自信，更加愉快了。生活真是美好啊！”

微笑是一味抚慰心灵的药剂，可以使忧郁的人变得乐观起来，使自卑的人变得自信起来。有时候，微笑更似暗香，默默地散发着它的魅力，感染着周围的每一个人。

淡淡的甜美微笑，会让人感觉很舒服，拉近人与人的距离。但是，微笑的魅力远不止于此。

作为纽约证券交易所中的一名代理人，斯图尔德获得了别人难以企及的成功。当他谈及自己的成功之道时，却说：“我曾经是一个非常讨人厌的家伙，几乎没有人愿意和我打交道，更别提和我做证券交易了。没想到，改变这一切的竟只是一个微笑而已。”

在斯图尔德年轻的时候，事业发展并不像他预期的那么顺利。为此，斯图尔德脸上总是阴沉着，他不知道自己究竟应该怎么笑。这种生活持续了好几年，而斯图尔德的事业也就停滞了好几年。终于有一天，当斯图尔德早上起床的时候，他决定改变自己。首先就是要改变自己的心态，让自己扫去以前的阴霾。而这种心态的变化要体现在脸上，就是要求自己时时都要微笑，用微笑代替过去阴沉的表情。

做好决定之后，斯图尔德对着镜子露出自己的笑容，并努力维持住。他对镜子里的自己说："记住，从今以后不管什么情况，你都要保持这样的微笑来面对所有人，从内到外散发出愉悦来。"

当然，最大的转变是斯图尔德在证券交易所的业绩，随着他的微笑，成交额一直在节节攀升。原来抱怨的客户见到了斯图尔德的微笑，也会变得不那么挑剔；原本准备退出的客户，也因为斯图尔德微笑的鼓励打算留下来再搏一次。没过几年的时间，斯图尔德居然成为纽约证券交易所最成功的代理人，获得了同事的尊敬和客户的推崇，让他的事业进入了全面辉煌的阶段。

"只不过是一个微笑而已。"斯图尔德说，"但它就是有这么神奇的魔力，让我们的生活都被改变！"

一个没有微笑的世界简直就是一个人间地狱。微笑是人类最基本的动作，微笑不用费神，不用耗力，时间短暂却回味悠长，所以任何时候，都不要忘了给别人一个甜甜的微笑！

称呼中有玄机

/
好的称呼是沟通的美妙前奏，它会像一池清水映着你；
不好的称呼会让人感觉眼前一黑，一切都变得暗淡起来。
/

人际交往中，称呼是一个重要的细节，恰当地称呼别人，才能构建和谐的人际关系。有的人没有考虑到这一点，便容易引起别人的反感，莫名其妙就把人得罪了。

陈先生出差去广州，和朋友到一家餐厅吃饭，因为习惯，他随口喊道："小妹，给我们拿点儿纸巾。"让他没想到的是，不仅服务员迟迟不动，周围所有的人都以不屑的眼光看着他。陈先生以为服务员没有听见，又高声叫了一次，谁知服务员干脆走开，再也不搭理他了。后来，在朋友的解释下，他才得知"小妹"这个称呼在广州很敏感，特别是对外来打工的女孩来说，带有鄙视意味，难怪陈先生称呼人家"小妹"受到了冷遇。

既然称呼如此重要，在日常生活中我们一定要注意，避免信口开河。

在一家大型商场里，一位女顾客正在选购上衣。导购员不厌其烦、笑容满面地让她试穿了好几件后，她终于挑中了一件，决定购买。导购员将开好的付款单递给她，笑吟吟地问了句："阿姨，你的裙子真好看，在哪里买的？"结果女顾客眼睛一斜，说："你叫谁阿姨？"说完转身就离开了。这个导购员的服务态度和业务水平都很高，但是，就因为一个小小的称呼，一单生意就这样毁了。

对现代人来说，年龄是一个很敏感的话题，尤其是女性，最忌讳别人说自己老。那位女顾客的实际年龄或许真称得上是导购员的阿姨，但是，直接喊出来还是会让她觉得刺耳，于是索性连挑好的衣服也不要了。所以，对不熟识的长者，一定要注意称谓。要尽可能地为对方考虑，让对方耳根舒服，这样交流才会很顺畅。

在工作场合，称呼就更显得重要。对同事而言，最好不要直呼其名，也不要过分亲昵，更不要擅自做主替人家起绰号。称呼上级和领导要区分不同的场合。私下里，可以对女性上级称呼"姐"，男性上级称呼"哥"，甚至称呼"老大"，这样会显得亲切，便于双方坦率地沟通，还能增进感情，一般性情友善的领导都会喜欢这种称呼。但是，在正式场合中，一定要用正式称呼，否则就会给你带来不利影响。

张力大学刚毕业，在一家公司的市场部任职。他的部门负责人是徐总监，他平时有事去请示的时候都称呼总监为"老大"。一天，总经理来部门视察，并召开了一个小型的会议。当轮到张力发言的时候，他习惯性地又称呼总监为“老大”，这让总经理和总监当时的脸色很难看。总经理视察完后，总监便不再给张力好脸色看。自此以后，虽然张力表现不错，但是一直没有得到公司的重用。原来，公司总经理一直疑虑徐总监的能力太强会对自己构成威胁，而张力在正式场合对总监的称呼让总经理和总监都不满意，所以，张力受到冷落也是必然的了。

随着社会的发展，称呼也会发生日新月异的变化，巧妙地进行称呼，不仅会拉近人与人之间的距离，还能让自己在沟通中游刃有余。我们要根据对方的年龄、职业、地位等一系列因素选择恰当的称呼。同时，还要注意说话的场合，避免称呼带来的负面影响，让自己成功地赢得沟通的先机。

妙用修辞，语出惊人

/
子曰：“言之无文，行而不远。”
对说话而言，如果能够通过合适的修辞增加辞令和文采，
一定会给沟通带来一片新天地。
/

修辞是一种高超的表达技巧，恰当地运用修辞，会增加语言的魅力，收到独特的效果。

1920年，苏联著名教育家加里宁在一次会议上做了工作报告。他的报告得到了大家的认可，赢得了大家的信赖。有些对工农联盟的重要性不甚理解的农民认真地向加里宁提了这样一个问题：“对苏维埃政权来说，是工人更珍贵还是农民更珍贵呢？”加里宁听出了农民的顾虑，便微笑着提高嗓音反问道：“对一个人来说什么更珍贵呢，是左腿还是右腿？”农民们听了以后都欢呼起来，掌声经久不息。

加里宁以左右腿的“珍贵对比”来比喻“工农联盟”，形象生动地反映出工农联盟的本质，既表明了政府的态度，又避免了小人钻空子。试想一下，如果加里宁用左右手来对比，就很容易引起别人的误会，因为生活中大部分人都习惯用右手，而左右腿的作用对每个人来说都是同

等重要的。由此可见，在沟通中，一个恰到好处的修辞很容易让别人理解，也容易让人信服。

妙用修辞，能让自己的意思得到更艺术的表达。修辞的力量在任何时候都是强大的，善于运用修辞的人，其语言自有无穷的魅力。

林黛玉作为《红楼梦》中主要的人物，不仅给人们留下了深刻印象，更成为我国小说的经典人物。她的一颦一笑吸引人，她的语言更吸引人。下面，就让我们看看她是怎么运用修辞的。

第三十四回中宝钗因薛蟠的事情流泪，到房里整整哭了一夜。次日早晨起来，也无心梳洗，胡乱整理整理，便出来去向母亲请安。碰巧遇见黛玉一个人站在花荫之下，问她哪里去。薛宝钗说“家去”，口里说着，便只管走。黛玉见她无精打采地走了，又见眼上有哭泣之状，绝非往日可比，便在后面笑道：“姐姐也自保重些儿，就是哭出两缸眼泪来，也医不好棒疮。”

黛玉用“哭出两缸眼泪”夸张地形容宝钗的伤心程度，也暗含了奚落、讽刺的意味。她是个刀子嘴豆腐心，有什么就说什么，而且往往有些尖酸刻薄，这体现了她不拘小节、毫无城府的个性。

运用修辞，不但对沟通有很大的帮助，而且能体现出一个人的素养和内涵。很多人在面对陌生人的时候会感到手足无措，不知道该说什么好，其实，这个时候，我们就可以运用一下修辞的手法。

小春刚毕业，还没有找到合适的工作。一个周末，他去姐姐家玩，正好碰上姐姐的同学小红来访。

在姐姐做饭的时候，小春和小红交谈了起来。小春的个性很开朗，而小红比较含蓄，所以小春说得很多。

当小春说到自己读大学的地方是“一年只刮两次风，一次是半年”时，小红忍不住大笑起来。她认为小春的表达能力很好，而自己工作的公司正需要一个主持人才，于是便把小春介绍过去。小春不负众望，果然做得非常出色。

用好修辞很容易引起别人的注意，在沟通中，我们一定要善于运用这个精良的武器，让自己能迅速吸引别人的注意，赢得别人的好感。

言辞幽默是交谈的最高境界

/
言辞幽默是一种智慧的表达，
它既彰显了说者的聪明才智，又让听者开心愉快。
它是交谈的最高境界，是最有效的沟通手段。
掌握了幽默，也就掌握了一门说话的艺术！
/

词典里将幽默定义为“有趣、可笑”和“意味深长”，幽默是能给人带来快感的一种表达方式，英、美等国家将幽默感作为衡量一个人是否有良好修养的表现。如果一个受过良好教育的人被说成“没有幽默感”，那无异于说他“三等残疾”“文盲”，甚至“无知”。难怪有人认为对一个男人而言，他宁愿承认自己装了假牙或者戴了假发，也不愿意承认自己缺乏幽默感。由此可见人们对幽默的看重。下面的故事就说明了这一点。

在某个异国餐厅，几位食客对一杯啤酒中的苍蝇做出了不同的反应：

英国人以一贯的绅士风度吩咐侍者：“请帮我换一杯啤酒！”

日本人则叫来了餐厅经理，并训斥他说：“你们这样还能做生意吗？我下次一定不会来了。”

中国人则默默地把意见写进餐厅的意见簿。

沙特阿拉伯人把侍者叫来，然后把啤酒递给他说：“我请你喝下这杯酒。”

美国人看着眼前的情景，对侍者微笑着说：“我建议你们以后把啤酒和苍蝇分开放，让喜欢苍蝇的客人自己混合，你觉得这个建议怎么样？”

幽默不仅能给自己和他人带来欢笑，还能巧妙化解尴尬。幽默是交际场合的润滑剂，不但能给别人一个台阶，而且会彰显自己的大度。

有一天，萧伯纳在街上行走的时候，突然被一个骑自行车的冒失鬼撞倒在地。他爬了起来，看到自己并没有受伤，只是衣服被刮破了一点儿。骑车的人看到这个情形也松了一口气，但还是急忙道歉。萧伯纳充满惋惜地说：“先生，你的运气不佳，如果你这次不小心把我撞死了，那么你就可以名扬四海了！”

还有一次，萧伯纳去医院检查脊椎。医生说：“我们想到了一个办法可以根治你的脊椎病，可以从你身上其他部位取下一块骨头来代替那块坏了的脊椎骨，这样就不用那么麻烦地吃药了。只需要一个手术而已，但是这个手术对我们而言是一个巨大的挑战，因为这种手术我们从来没有尝试过，所以相对而言有些难度，而且手术的过程中你也要承受巨大的痛苦。因为这个手术史无前例，所以在收费上我们也要高点儿，不会等同于一般的手术。”

萧伯纳听了医生的介绍后，淡淡地一笑说：“好呀！不过请告诉我，你们打算付给我多少手术实验费？”

一个很棘手的问题被萧伯纳的一句话极其巧妙地处理了，避免了不愉快的争执。这就是幽默所带来的效果。

幽默与智慧同行，交际场合中具有幽默感的人会让人感觉聪明睿智，会给人留下深刻的印象。现实生活中，懂得运用幽默艺术的人往往会更有魅力，同时也能让复杂棘手的问题迎刃而解。

人与人交往最重要的目的无非是想让别人接受自己。如果不能够给别人惊喜或者意外，那么想让别人记住自己恐怕很难。幽默是打开别人心房的一把钥匙，也是交际场合的一种常用手法，幽默的人必然会受到欢迎。让我们成功地驾驭言辞幽默这种语言艺术，达到交谈的最高境界吧。

投其所好，事半功倍

/
鱼儿喜欢在水里游，鸟儿喜欢在天上飞。
恰当地融入别人的喜好中，
就会自然而然地拉近彼此的距离。
/

每个人都有自己在意或者热衷的事情。在日常沟通中，如果能够找到对方的兴趣、爱好，然后巧妙地投其所好，很快就会让双方的关系变得和谐起来。

刘海跟同学合伙开了一家建筑公司。有一天，他通过熟人介绍认识了当地一家大公司的董事长赵某。赵某那时正要找公司承建两栋办公大楼，有很多建筑公司在暗中竞争，而刘海也很想抓住这个机会。于是，刘海通过方方面面的渠道打听，知道赵某出身书香门第，儒雅清高，酷爱书画和古玩，便想出了一个计划。

刘海特地到书店买回一大堆关于书画和古玩方面的书籍，闭门苦读、刻苦钻研起来。过了一段时间，他俨然就像博古通今、学贯中西的书画艺术家了。之后，他又到古玩市场买回几件瓷器和几幅名家书画，陈列于公司办公室。

一天，刘海邀请赵某来公司参观、指导。赵某一进大门就被挂在墙上的字画所吸引——一幅是郑板桥的书法，一幅是金农的画。赵某看了好一阵后，惊喜不已地说：“刘总，你也喜欢‘扬州八怪’的作品？”

刘海说：“是啊，我非常喜欢。清代中期，一个弹丸之地的扬州，居然出现金农、郑板桥、李鱓、黄慎、李方膺、汪士慎、罗聘和高翔八位大家，真是奇迹，前无古人后无来者啊！”

赵某见遇到了知音，说：“他们当中，我更喜欢郑板桥和金农的作品，他们以极端的方式，标新立异，冲破传统流派的清规戒律，拓宽了表现主义的意境，不仅有深刻的思想，而且有鲜明的个性和浓烈的情调。金农的书画继承了杨无咎、王冕、陈宪章的传统，又自成一家，更加气韵古拙。郑板桥多画兰，也擅画竹；他更精书法，曾创‘六分半书’，名噪一时；他也是官场中人，曾经当过县太爷，后来觉得官场险恶便专事书画了。你看这幅字，运笔潇洒自如，笔意沉雄稳健，结构舒展多姿，显得凝重而飘逸，富有力感和质感，具有一种超凡脱俗的境界。”

“是啊。”刘海不停地附和着，气氛非常活跃。

最后，刘海跟赵某提到了承建办公楼的事，赵某说：“你我是知音，我自然会考虑你，放心吧！”

一旦对了别人胃口，你就会有意想不到的收获。

每个人都有自己在乎的地方，在谈话中，如果能做到时时照顾到别人的兴趣，让对方成为谈话的主角，就能拉近与对方的距离。

面包商约克经营着一家小型的面包店。店里做出的面包质量好、外观漂亮，味道更是鲜美，约克轻而易举地打开了市场。但是有一家饭店始终拒绝跟约克合作。约克在连续四年内，经常打电话给饭店经理，参加该经理的社交聚会，甚至在饭店订大房间，住在那里搞推销，结果都失败了。

约克一定要把面包卖到这家饭店。他制定了一个策略，决定先找到经理的兴趣点。他打听到经理是“××执行者协会”的主席，于是不论这个协会在何处举行活动，他都必定出席，哪怕是跋涉千山万水。

约克再次见到经理时，就和他谈论他的“执行者协会”，果然，一下子就打开了经理的话匣子。经理的反应异乎寻常，语调充满着激情、热忱。“协会”显然是他最得意的一部分，有人跟他谈论这个，一下子便调动起了他的情绪。经理在面包商离开办公室之前，还送给了他一张协会的会员证。

约克自始至终都只字未谈面包的销售之事。但是，几天以后，饭店的人主动打电话要他们送去面包样品和价格单。

在和人交谈时，如果能找到对方感兴趣的话题，就会激发他们的谈话热情。投其所好，收到的效果往往非常好，而这正是我们所需要的。

煲好赞美这碗汤

/
赞美是一碗汤，把握火候是关键。
火小了，汤不鲜美；火大了，又会变味。
只有让汤保持一定的温度，才会让人满意地享用。
/

美国著名作家詹姆士有句名言：人性中最本质的愿望，就是希望得到赞赏。由此可见，赞美是每个人都需要的。在人际交往中，真诚而恰当的赞美能让我们迅速获得别人的好感，在谈笑间消除别人的戒心和敌意。但如果你在称赞别人时用词不当，反而会让对方听了很不舒服。

一位男士在饭店用餐时碰到一个女性朋友。那个朋友正和一位女伴用餐，两人刚听完歌剧，穿戴很漂亮。这位男士不禁眼前一亮，由衷称赞道："噢，康妮，今晚你看上去真漂亮，真像个女人。"谁知，对方听后生气地说："我平常看上去什么样呢？像个男人吗？"

男士本来是真心赞美对方的，但由于用词不当，倒让对方觉得受到了侮辱。

在一次培训课上，一位女士登台做报告。会议主持人向大家介绍："这位就是刘女士，这几年来她的销售培训工作做得非常出色，也算有点儿名气了。”这末尾的一句话用得很不恰当，让刘女士听了非常不舒心。

主持人其实是想表达刘女士很棒的意思，不料画蛇添足，不但偏离了本意，还让刘女士觉得贬低了自己。

在赞美别人的时候要懂得把握赞美的尺度，看清楚赞美的对象，选择正确的方法。恰到好处的赞美是一种有效的感情投资，发自内心的赞美是人际关系的调和剂，赞美有时甚至可以成为激励别人的有效方法。

意大利有一位著名女高音歌唱家，少年时代便表现出唱歌的天赋，被誉为少年之星。家人为她请来一位年轻有为的音乐教师，这位音乐教师对学生的要求非常严格，绝不放过学生的任何一点错误。女歌唱家为音乐教师超凡的才华所倾倒，偷偷爱上了他。从那以后，只要是在教师面前唱歌，女歌唱家便感觉紧张不安，生怕出现一点儿错误。渐渐地，她的歌唱得越来越生硬，表现也越来越差，直到后来几乎没有音乐厅请她唱歌了。几年后她虽然与这位音乐教师结了婚，但是也放弃了自己的歌唱理想。

时光流逝，音乐教师因车祸不幸去世。丈夫的不幸去世反而成了女歌唱家的事业转机。一天，在她做家务的时候有个推销员上门推销产品，听着她哼唱的歌曲，推销员夸奖说：“您唱得真好，我很少听到这么美妙的声音，您为什么不到音乐厅唱歌呢？”她不好意思地说：“没有音乐厅愿意请我。”推销员自告奋勇地说：“怎么会呢，我可以推荐您到一家音乐厅去唱歌。”最后她买了推销员的商品，而推销员也出于感激真帮她联系了一家音乐厅。

她去音乐厅演唱的那天，推销员叫了许多熟人朋友坐在前排，她一唱完，他们就拼命鼓掌欢呼，推销员又及时地送上鲜花。她在众人的鼓励下决定继续唱下去。此后，只要是她登台唱歌，推销员就必定坐在第一排，不仅掌声最热烈，还要送上一束饱含情意的鲜花祝贺，原来他已经爱上了她。她在推销员真诚的鼓励下恢复了原来清新自然的歌喉，歌唱得越来越好，最后成为意大利著名的女高音歌唱家。后来，她与这位推销员结了婚。音乐教师虽然深谙音乐，但因为不懂运用赞美，埋没了一位颇有天赋的歌手；推销员对音乐虽然一窍不通，但他善于运用赞美，因此造就了一位歌唱家。

“美酒饮到微醉后，好花看到半开时”，恰到好处的赞美不但能打动别人，也会增加自己的魅力。在人际交往中，请用心去熬制一碗赞美汤，让人们享受它的美妙滋味吧！

练就一双洞察人心的火眼金睛

/

了解别人才能更好地沟通，练就一双火眼金睛，
便能在举手投足间洞察对方的内心。

/

与人交往，观察很重要。认真观察，准确分析，才能更了解你的谈话对象。

一天，曾国藩收到学生李鸿章的一封书信。在信里，李鸿章向恩师推荐了三个年轻人，希望他们能在老师的帐前效力。曾国藩放下学生的信，照例背着双手出去散步。

黄昏的时候，曾国藩刚回府邸，家人立刻迎了上来，低声告诉曾国藩，李大人推荐的人已经在庭院里等待很长时间了。曾国藩悄悄在离他们不远处停了下来，暗暗观察这三个人。只见其中一个人不停地观察着院内的摆设，似乎在思考着什么；另一个年轻人则低着头，规规矩矩地站在庭院里；还有一个年轻人相貌平庸，却气宇轩昂，仰头看着天上的浮云。

曾国藩胸有成竹地回到房间，召见了这三个年轻人，和他们攀谈起

来。曾国藩发现，不停打量庭院摆设的那个年轻人和自己谈话最投机，自己的喜好习惯他似乎早已熟悉。相形之下，另外两个人的口才就不是那么出众了。不过，那个抬头看云的年轻人虽然口才一般，但对事对人都有自己独到的看法，只是说话过直，让曾国藩有些尴尬。

出人意料的是，曾国藩并没有对和自己谈得最投机的年轻人委以重任，而是让他做了个有名无权的虚职。规规矩矩、很少说话的年轻人被派去管理钱粮马草。最让人惊奇的是，那个仰头看云、偶尔顶撞曾国藩的年轻人被派去军前效力，曾国藩还再三叮嘱下属，这个年轻人要重点培养。

在大家对曾国藩这般安排充满疑惑时，曾国藩说出了自己的识人秘诀："第一个年轻人在庭院里等待时，用心打量周围的摆设，与我谈话时，我看得出来他对很多东西不甚精通，只是投我所好罢了，由此可见，此人善于钻营，有才无德，不足托付大事；第二个年轻人遇事唯唯诺诺，沉稳有余，魄力不足，只能做一个刀笔吏；最后一个年轻人不焦不躁，竟然还有心情仰观浮云，就这一份从容淡定便是少有的大将风度，更难能可贵的是，面对显贵他能不卑不亢地说出自己的想法，而且很有见地，这真是少有的人才。"曾国藩一席话说得众人连连点头称是。"不过，他性情耿直，很可能会招来口舌是非。"说完，曾国藩不由得一声叹息。

那个仰头看云的年轻人没有辜负曾国藩的厚望，在后来的一系列征战中迅速脱颖而出，并因为战功显赫被册封了爵位。不仅如此，他还在垂暮之年，率领军民重创法国侵略军，从而扬名中外。他便是台湾首任巡抚刘铭传。不过，正如曾国藩所言，性情耿直的刘铭传后来被小人中伤，黯然离开了台湾。

曾国藩的分析、判断非常准确，让世人赞叹不已。

洞察人心要从细节开始，仔细观察，并结合其语言表达，从而洞察其内心。

陈香是一家公司的部门主管。一天，他召集手下的员工开会，大家都踊跃发言，只有吴明比较沉默。陈香不动声色，仔细观察，发现吴明的脸色有点儿不对劲。陈香觉得吴明内心一定有强烈的不满，只是敢怒不敢言，只好故意装出一副面无表情的样子，显得毫不在乎。

陈香装作没有在意。散会后，陈香另选时间，请吴明来自己的办公室，开诚布公地与他谈了谈。这才知道自己曾答应吴明的事情忘了办，让吴明开始怨恨自己。陈香向吴明认了错，并马上帮吴明办了那件事，让吴明恢复了对自己的信任，又开始以积极的态度工作。

察言观色是一种本领，在沟通中，我们一定要仔细观察，认真分析，用我们的“火眼金睛”洞察一切。

倾听也是一种交流

/

倾听是沟通中的重要内容，会听的人才更会说。
每个人都需要听众，善于倾听的人在社交场合比夸夸其谈的人更受欢迎，
他们就像沙漠中的甘泉一样可贵。

/

倾听是人类非常重要的交流方式，更是交际能力重要的组成部分。根据研究发现，在人的一天当中，有40%的时间在倾听，而且社会学专家还指出，在人们的日常语言交往活动中，也就是听说读写中，听的时间大约占了45%，而说的时间大约是30%，读的时间大约是16%，剩下9%的时间就是写的时间了。所以我们从这个数据当中也能够看出来，倾听在一个人的日常交流中是多么重要。

就拿记者来说吧，记者在进行采访之前，肯定要设计一些采访提纲，但是回答者是不会受到记者采访提纲限制的。有时候采访者可以引导被采访者向着自己设计的思路阐述，但是这种引导肯定不是生拉硬拽，更不能强迫进行，而应该是一种不着痕迹地过渡和引导。要想做到巧妙过渡，有一个非常重要的前提就是要学会倾听，我们只有懂得倾听，才能够抓住对方话语中的信息，才能顺势而为，进行巧妙地嫁接。

倾听所表现出来的不仅是对别人的恭敬与尊重，更是一份理解。一个人愿意听别人的看法，这会让说话的人觉得受到了重视，有利于双方建立融洽的关系，从而能够更好地沟通。

如果我们能够让对方先开口说话，就可以避免与对方竞争的嫌疑。倾听可以培养良好的开放气氛，因为说话的人不必担心别人与自己竞争，所以可以专心致志地讲，当然也就不会为了遮掩矛盾之处来寻找托词了。

假如对方提出了自己的看法，那么，你就有机会据此找到你们两个人观点中的一致性内容。同时，倾听也可以让对方更加愿意接受你的意见，这时候你再说话，就更容易说服对方了。

几年前有一位采访了世界上众多知名人物的记者说过，许多人给别人留下的印象并不好，原因就在于他们总是不注意听别人讲话。他们太过在意或者是太过考虑自己下一句应该说什么，而不是打开自己的耳朵。世界上很多成功人士告诉我们，他们喜欢听别人讲话，他们的倾听能力，甚至比他们的谈话能力都要强。

有一天，某学校要举行一次重大活动，老师们千叮咛万嘱咐各班同学一定要准时到校，千万不能迟到。可到了那一天，小齐却来晚了，全校同学就只有他一个人迟到。小齐的老师十分生气，对小齐吼道：“你看看你，都什么时候了，全校就你一个人迟到，你说你什么时候迟到不好，偏要在今天，你不知道今天学校有很重要的活动吗？”

当时小齐想解释，但是由于时间太紧张，老师就打断了小齐的话。当老师把手头的工作忙完之后，才发现小齐眼含泪水，表情伤心、失望又委屈。

这个时候老师突然意识到自己可能做错了什么，就把小齐叫到自己的身边。当小齐一抬头的那一瞬间，这位老师永远都不会忘记小齐那充满恐惧与不安的目光，里面甚至有一丝憎恨。

原来小齐是因为妈妈生病了，着急把妈妈送到医院才迟到的。老师知道了事情的真相，在全班同学面前给小齐道了歉，也得到了小齐的原谅。但是小齐当初那种恐惧、不安，甚至有点儿憎恨的目光却深深地印在了这位老师的脑海中。

可见不听人解释，会造成不小的误会。所以，我们要尽量避免打断别人的谈话。也许别人谈话之初，还没有进入实质内容，这个时候你也不要着急去打断对方，要耐心地去倾听，给对方理清思路、组织语言的时间，这样更容易赢得对方的好感。千万不要在对方还没有说完时就打断对方，妄自做出结论。努力去弄懂对方的真实意图，能够更好地把握对方谈话的实质。经常打断别人的谈话，是缺乏修养的表现，是倾听能力不足的反应，很难与人进行良好沟通。

当然了，还有一种情况是比较特殊的，那就是我们经常说的乒乓效应。什么叫乒乓效应呢？就是指听别人说话的人总是会在恰当的时候提出许多能够抓住问题关键的意见或者感想，从而响应对方的说法。还有就是我们一旦听漏了一些地方，或者是有听不懂的地方，要等对方话语告一段落的时候，提出自己心中的疑问。

善于倾听首先要注意抓住对方话语中的关键词。什么叫关键词？就是指描绘事物或观点的字眼儿，这些字眼儿往往能够泄露出很多重要的信息，同时也能够显示对方的兴趣和情绪。我们通过关键词，就可以看出对方的倾向或喜好，快速获得对方的信任。当然，找出关键词还可以帮助我们来判定对方的说法是否正确。也只有在我们提出自己感兴趣的问题或者想法的时候，对方才会感觉到你是真正关心和在乎他的谈话。

善于倾听还要分清主次。对于一般性的谈话，说话的人为了能够不使听众感到枯燥，往往说得都比较动听，甚至有美感，而这就需要对自己的语言进行修饰，所以有的话我们听起来不是那么直截了当，其实这些都是很正常的现象。所以，我们不要被这些细枝末节分散了注意力，而忽略掉了对方谈话的重要内容。

不要随意打断别人

/
任何人在讲话时都不希望被别人打断，
所以沟通中我们要学会耐心倾听。
切记，随意打断别人是一种极不礼貌的行为！
/

插话是一个不好的习惯：别人正说得起劲的时候，你突然一插话，别人的思路被打断了，这必然引起对方的不满。因此，要想保证良好的沟通，少插话很有必要。

小莉去修车时跟人吵了起来，回到家就一股脑地向丈夫倾诉起来："我今天太倒霉了。去修车时，老板说油箱有问题，要收4000块。我告诉他一定是弄错了，我们买了保险。可他说保险里没这一条，修理工还气我，说什么漂亮女人就是不懂车。这太侮辱人了，于是我就和他们吵了一架。""他要收多少钱？"丈夫问。"你刚刚没有在听吗？"小莉有些生气。因为她只是想跟丈夫倾诉一番，来摆脱郁闷和烦恼。但丈夫突然插嘴，想分析孰对孰错，自己才没有这个心情和精力呢！小莉白了丈夫一眼，进了浴室，把门一关，自顾自地洗起澡来。丈夫被丢在客厅，还不知道是怎么回事呢！

丈夫在小莉烦躁的时候只需要耐心听她说完就好，可他却错误地插嘴询问，让小莉重新陷入了烦恼中。

在一些正式场合，随便插嘴是一种没有礼貌的表现。没有人会喜欢自己正谈论某件事说到高兴处时，冷不防半路有人进来插话。

有一个老板正与一个客户谈生意，一位朋友突然登门造访。朋友在来时的路上遇上件新鲜事，就忍不住插嘴说："哇，我刚才在大街上看了一个大热闹，一大群人围着一个人和一条狗……"老板伸出手指示意他不要再说，而他却越说越起劲。客户见谈生意的话题被打断，就对老板说："你先跟你的朋友谈吧，我改天再来。"客户说完就走了。老板的这位朋友乱插话，搅了老板的一笔大生意，让老板很是恼火。

老板的朋友在老板跟客户谈生意的重要时刻插话，让原本的话题无法继续，最终引起了老板的不满，看来插话真是要不得啊！

在日常交往中，随便插话不可取，随便插手别人的事情同样不可行。

小王歌唱得比较好，乐器掌握一般。小程的键盘和吉他水平都不错，而且还会作曲，但是歌唱得不太好。所以，小王和小程就想组建一个组合，两个人优势互补，一定可以做出成绩。小程的朋友知道这件事后，对小程说："唱歌好的人很多啊，你为什么偏要跟小王合作呢？我认识一个哥们儿，声音特别棒，要不你跟他交流交流吧！"小程没有说什么，但朋友非常热心，主动安排了两人见面。后来，虽然小程依然愿意跟小王合作，但这件事让小王心里有了疙瘩，认为小程看不起自己，而且小程是因为找不到更优秀的主唱才选择自己。因为心里有了芥蒂，两人之前的默契感再也没有了，他们这个组合表现平平，慢慢销声匿迹了。

每个人做事都有自己的想法、自己的安排，外人随便插手，反而打乱了原有的计划，打断了事件的进程。

小森是一家软件公司的程序员，工作几个月以来，他感觉越来越郁闷。领导常常在小森工作进行到一半的时候，跑过来问："干到哪一步了，下一步做什么？""还有多少没有做，搞不定就给我打电话。"这样常常打断了小森的思路，而且还有一种被人帮扶的感觉，让小森很是不爽。

要获得好人缘儿，要想让别人喜欢你、接纳你，就必须根除随便插手的陋习，在别人办事时千万不要捣乱。

插话插手都是不好的习惯，让我们自觉避免这样的行为，赢得别人的欢迎！

倾听是礼貌的表现

/
没有被听见，会让说话者觉得被冷落、被忽视，
觉得自己得不到别人的尊重和欣赏。
被了解、被重视是滋养人心的养料，
耐心倾听别人谈话，是一种修养，是基本的礼貌。
/

英国前首相丘吉尔不仅是闻名世界的政治家，也是一位语言学家，他曾经说过一句富有哲理的话：所谓勇气，需要挺身直言；所谓勇气，也需要静坐倾听。这个道理在英国著名广告公司执行创意总监雅登的著作《不管你在想什么，反向思考就对了》中也得到了体现，不同的是雅登用一个有趣的故事来说明了倾听的重要性。

雅登告诉我们，他曾经有一次和一位朋友去哥本哈根的酒吧喝酒，喝到中途，由于他有急事，只好非常抱歉地把这位朋友单独留在了这家酒吧里。雅登的这位朋友是英国人，对于丹麦语只会说“对”与“错”两字。

就在他的这位朋友一个人喝酒的时候，摇摇晃晃过来了一个酒鬼，这个酒鬼还跟他的朋友聊了起来。可是由于雅登的这位朋友只会用丹麦

语说“对”和“错”，所以两个人就这么应付着。

等雅登办完事回来时，两个人还坐在那里进行着天南地北的对话，可是听听自己的朋友口中仍然还是那两个字——“对”和“错”。雅登看到这种情况，起初的时候还有点儿纳闷儿，到了后来才想明白，酒鬼肯定是像酒逢知己千杯少一般，所以缠着雅登的这位朋友开始高谈阔论。别无缘由，因为在酒鬼的心里，认为雅登的这位朋友是一个难得的能够听他讲话的人。

倾听是人类天生的本领，任何人都不需要去进行什么特殊的学习，一生下来就能够耳听八方。然而，如何才能将这一本能发挥得更好，给我们带来更多的帮助，看起来好像挺容易，其实不然，尤其在朋友和夫妻之间最不容易。

一位欧美人士曾经如此形容夫妻结婚以后的关系：结婚第一年，丈夫讲话，妻子倾听；结婚第二年，妻子讲话，丈夫倾听；结婚第三年，夫妻两人争着讲话，旁人倾听。

在现代企业管理中，也是最讲究双向沟通的。也就是说，作为一个主管或者领导，是不能永远高高在上的，一个只知道对自己的下属发号施令的领导，即使部下有了非常好的意见，他也会充耳不闻。当然，有的领导还常常摆出一副自己很牛的架势，甚至在与下属谈话的时候都是以教训的口吻，这也是非常要不得的。

现实生活中，很多人为了引起别人的注意，常常会滔滔不绝地来谈论自己的事情。这样的人是一位谈话的高手吗？他们这么做就能吸引别人的注意吗？答案当然是否定的。这样的人既不是谈话的高手，更不可能引起别人的注意，只因他根本没有意识到倾听的重要性。

戴尔·卡耐基曾经告诉我们：如果你想成为一个谈话高手，那么首先你得学会聆听，要鼓励别人多谈他自己的事，而不是让别人只听你说话。

戴尔·卡耐基还给我们讲了一个故事。

有一天，他去纽约参加一场重要的晚宴，在这场晚宴上，他碰到了一位世界著名的植物学家。戴尔·卡耐基从始至终都没有与植物学家说上几句话，只是全神贯注地听着，听这位植物学家介绍有关外来植物和交配新品种的许多实验。

等到晚宴结束以后，这位植物学家向主人极力称赞戴尔·卡耐基，说他是这场晚宴中最能鼓舞人的一个人，更是一个最有趣的谈话高手。其实戴尔·卡耐基几乎没怎么说话，只是倾听，最后却博得了这位著名植物学家的好感。可见，我们在社交场合不仅要会说话，更为重要的是要能够让对方多说话，自己当一个好的听众。倾听不仅仅是对别人的尊重，它还有很多好处。倾听可以使对方受到肯定与鼓舞，从而迅速拉近双方的距离。

戴尔·卡耐基曾经说：“专心地听别人讲话，就是我们所能给予别人的最大赞美。”这句话的确精辟，因为不管是什么人，领导、下属、同事、亲人或者朋友，我们如果学会倾听，都能够让他们感到自己被尊重。我们每个人的天性中，总是期待着自己关注的问题能够引起他人的兴趣，而恰巧这时候有人愿意听你谈论自己关注的事情，那么你自然就会有一种被别人重视的感觉。

倾听可以缓和两者之间的紧张关系。

倾听有的时候可以解决冲突，增进人与人之间的理解。特别是在公司里，如果每个人都学会倾听，那么就能够使领导与下属之间或同事之间避免一些不必要的纠纷，这不仅节约了时间和费用，更重要的是提高了团队的凝聚力和战斗力。

倾听可以缓解他人的压力。

心理学家研究表明，一个人向别人诉说心中烦恼的时候，能够很好地减缓心理压力。所以，当你有了一些心理负担或者是心理疾病的时候，最好的解决方法就是找一个善良、有同情心的倾听者。

倾听可以让我们变得更加聪明。

正是由于倾听，我们才能够学到更多的东西。因为倾听，让我们更好地了解人和事，让我们变得聪明起来，最后成为一名智者。

如果现在的你是一位话多的人，那么就应该学会改变自己，先让自己成为一名优秀的听众吧。只因倾听别人的讲话是一种礼貌，也是一个人应该具有的修养。

第二章

凝结正能量，好口才来自好修养

希尔顿曾说：“一个人怎么说话，说什么话，当然毫无例外地显示着他的品位和修养。”一个人拥有出众的口才，便能更加轻易地引起别人的注意，获得别人的赞同，从而达到事半功倍的效果。即便是一样的语言，从不同的人口中说出来，配以不同的表情、声调，所带来的效果也有云泥之别，由此可见语言的魅力。

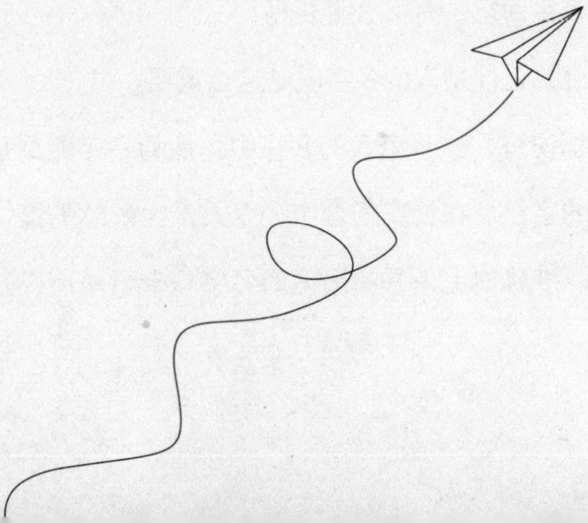

准确记住他的名字

/
清晰响亮地喊出一个人的名字，
代表着的是一种重视、一种尊重。
事实上，很多人缘儿颇佳的人都是记忆别人名字的高手。
记住别人的名字，是五秒钟就能给人留下好印象的秘密所在。
/

社交场合最令人尴尬的事情是什么？

对于这个问题，可能很多人都有不同的见解，但是，其中少不了的一项就是，当对方热情洋溢地向你打招呼并问候你的近况时，你却忘记了他是谁。结果是显而易见的，你只能很尴尬地含糊过去，而对方则会有些悻然。最糟糕的情况是，当你终于在谈话接近尾声的时候想起他是谁时，你和他的交情可能也已经走到了完结的边缘。

一个名字而已，有那么重要吗？

事实上，记住别人的名字就是这么重要。

卡耐基说过，在一个人的心目中，他的名字无疑是这个世界上最美妙、动听的字符。在社交场合中，令人产生好感的最快、最直接的方法就是你可以准确地记下并喊出他的名字。卡耐基所说其实是有一定的心理学根据的，名字是一个人的象征，能准确喊出一个人的名字，就会让对方有被重视的感觉，进而获得他的好感。纵览古今中外，绝大多数的人都会对自己的名字格外重视，科学家总是把自己的发明或发现冠上自己的名字；时尚名人创立品牌，在命名的时候也会尽可能地把自己的名字设计进去。作为普通人，虽然我们没有办法让自己的名字铭刻史册，但是最起码在人际交往中，我们希望自己的名字是能够被人记住的。

从表面上看，名字虽然只是一个符号，但是这个符号的背后是一个活生生的人，它代表的是一个个体。人们很自然地认为，如果一个人尊重你或者你在别人的心中占有重要地位，他就应该可以轻松喊出你的名字。问一问自己，面对一个喊不出你名字的朋友，你的心里是什么感觉？那种不受尊重的感觉，即便不会让你愤怒，恐怕也会令你觉得有些不舒服了。由此，我们便可以得出这样的结论，准确记住一个人的名字，这是获得好人缘儿最简单也是最重要的方法。而事实上，很多人缘儿颇佳的成功人士都会很认真地记下别人的名字。

卡耐基偶遇美国总统富兰克林·罗斯福的助手吉姆·法莱，便向他询问成功的秘诀。吉姆·法莱的回答是努力工作。卡耐基耸耸肩，很明显这是一个敷衍的答案。吉姆·法莱这才收敛起笑容，说他成功的秘诀其实就是记住别人的名字。吉姆·法莱自幼家境就不好，小小年纪便辍学挣钱养家糊口，在同很多人打过交道之后，吉姆·法莱发现，许多人都很在意自己的名字，如果一个人能够清晰地喊出他的名字，那么就无疑是一种巧妙的恭维。有了这种认识，吉姆·法莱开始很认真地去研究牢记别人名字的方法。每认识一个人，吉姆·法莱就会很真诚地询问那人的姓名、职业、家庭情况，然后记到脑子里。他是如此的认真，以至于即便是到了第二年再相见，他也能很轻松地喊出对方的名字，并很优雅地向对方的家人送上诚挚的问候。正是靠着这种方法，吉姆·法莱收获了别人的好感，大大扩充了自己的交际圈。后来他成为富兰克林·罗斯福的助手，帮助他参加竞选。在大选前的数月里，他几乎每天都向那些自己认识的人写上几百封信，信的开头无疑都是对方名字的昵称。当然，与此同时他还不断地参加各种聚会，不管是熟识还是陌生，只要见过一面，吉姆·法莱就能很清晰地喊出对方的名字，并迅速与人打成一片。靠着这种努力，吉姆·法莱不但帮助罗斯福顺利地登上总统的宝座，也让自己的声望得到了进一步的提升。

“我想，阁下一定可以叫出一万个人的名字。”卡耐基很认真地对吉姆·法莱说。

“不，是五万个！”吉姆·法莱很骄傲地说。

如果你也希望迅速拥有好人缘儿，那么就应该从现在开始，学着迅速记住对方的名字，就像吉姆·法莱一样，终究会成就自己的社交网络。

记忆某人的名字，可以从别人介绍他的时候就开始。首先，在心里默念一下这个人的名字，然后接触时便可以更清楚地记住他的名字。如果没有听清楚他的名字，那么在开始交谈的时候可以再次询问：“能否麻烦您把您的名字再跟我说一遍呢？”“您的名字是哪三个字呢？”当然，如果对方有名片，那就更好了。双手接过对方的名片，看着上面的名字，心里默念几遍，记下他。记忆一个人的名字，可以采用联想式记忆法，找出这个名字的特点，然后把这个名字和某个影像联系起来。比如一个叫陈志刚的人，说话嗓音低沉，老家安阳，父母都是钢铁厂的工人，便可以记忆为“一个有志于承继父母志愿铸造钢铁的人，说话嗓音低沉”。一个人叫吴洪涛，便可以联想到扑克牌里的“红桃5”。可以根据人物的名字随时联想，当然是怎么记忆的，就不要告诉别人了。把一个人的名字和具体的影像联系起来记忆，记忆的时间会更长久。

每天睡觉之前，把自己当天结识的人都回忆一遍，整理成档案，这样下次再遇到一个人的时候，就完全不必再去担心叫不出别人名字的尴尬了。

讲好初次见面的开场白

/
戏曲开场锣鼓要响，初次见面话要抓人。
在讲求速度的现代社会，讲好开场白，
无疑是给人留下良好印象的开端，也是抓住人心的重要一步。
/

讲好开场白是快速赢得好人缘儿的秘密所在。好的开场白可以先声夺人、一语中的，让听者获得认同感，迅速给人留下良好的第一印象，进而他才会有兴趣和我们展开交流，在交谈中拉近距离。但是，万事开头难，说好初次见面的开场白并不容易。怎样才能一语抓住人心，让人乐意将交谈继续进行下去，由此对说话的人产生良好的印象呢？其实，这其中也是有一定的规律可以遵循的。

很多人口才很好，但是始终难有好人缘儿，造成这种局面的原因就是他们忽视了自己的气场。气场是人身上的精神符号，即便不曾说话，也会将一种无声的信息传递给他人。每个人都有自己的气场，每个人的气场都不同。很多时候，我们所说的话、所做的事情并不代表着我们真实的想法，我们自以为掩饰得很好，但是我们的气场已经把我们出卖了。当我们靠近一个人，他可以凭借气场来判断我们是敌是友，也可以从我们的一个动作甚至一个眼神里寻到端倪，看透我们内心的真实想法。所以，有时候即便我们费尽口舌也只能事倍功半。因此，在交谈开始之前，一定要保证自己的气场是“抓人”而不是“赶客”的。

有些人我们第一眼看上去就愿意和他说话，并希望能和他结交，这其中的原因，除了这个人本身的外貌体征和身份地位的条件之外，最主要的是我们被他所散发出的亲切、友善等气场所吸引。而有些人，尽管各方面条件都很出色，他的气场却是轻蔑、高傲的，没有人愿意和这样的人展开交谈。如果我们希望能够多多收获好人缘儿，那么首先就要从心理上摒弃成见，改良自己的气场。气场也可以改良吗？当然可以。在预备和人展开交往的时候，可以不断地暗示自己“今天有个好天气，万事都会很顺利”“无论他长相如何，都不会影响他是一个很好相处的人”“心宽体胖，他长得胖代表他是一个宽容的人”……通过不断地自我催眠，迫使自己改变对他人的第一印象，心境自然会渐渐平和下来，由此散发出的气场也才会是平和友善的，进而我们的一举一动也会把这种好情绪表露出来，别人会从这种气场里感受到我们的欢喜和友善，才会从心底里愿意和我们展开交流。

友善的气场可以拉近人与人之间的关系，交流也可以顺利展开。但是接下来的问题便是如何把开场白说得尽可能的漂亮，说到别人的心坎里，让人可以把话接下去。那么什么样的开场白才是抓人的呢？首先，开场白要确保传递三种信息：尊重、友善、希望与你结交。见面的时候，露出你的笑容，主动同人打招呼，不要不好意思，没有人会拒绝一个热情的朋友，甚至对方还可能会因为你的热情而对你产生良好的印象。积极主动地问候一声："早啊！""你好！"都可以将你的尊重、友善和希望与之结交的信息传递出去。寒暄语过后，选择一个适合的话题作为切入点，将谈话继续下去同样很重要。

以天气作为谈话的切入点。"今天天气很好""阴霾持续好些天了"是外国人聊天的时候最常寒暄的话，我们也可以将之借用过来，作为一场谈话的开始。因为初次见面的两个人彼此之间并不了解，不适合问些涉及隐私的话题，为了避免双方无话可说而陷入尴尬的境地，适当地借用外界环境作为谈话的切入点也是可以的。

以近况作为谈话的切入点。"马上到年底了，工作特别忙吧？""我最近想带着家人出游，可是不知道去哪里好，听说你对各地的环境比较了解，能给个建议吗？"以近况作为切入点，尤其是那些人比较在意或者有兴趣的近况作为切入点，很自然会引起对方交谈的兴趣。

以误会作为谈话的切入点。一个人见到一个很有气质的女孩，很想上前结交，于是走上前去，叫了一声："李然！"女孩回头看，那人立刻道歉："抱歉，抱歉，我还以为是我同学呢！你一回头我就知道错了，我同学可没你这么漂亮……"女孩虽然被误认，但是被人称赞漂亮，心里也是美滋滋的，很自然地和那人聊了起来。上面所说的可能不是一个高招，但是找不到好的借口或者对方不喜欢别人贸然搭讪的时候，也可以作为一个谈话的切入点。当然，赞美的前提是要符合事实，如果一个女孩子明明满脸长了痘痘你还夸她皮肤好，那就会让人觉得你在出言讥讽。

以请教问题作为谈话的切入点。其实每个人心里都或多或少有些好为人师的情结，当别人向自己请教问题的时候，心里很容易有种被认同感，感觉自己是有价值的，所以以请教作为开场白也是很可行的。例如在交谈中你了解到对方是一位服装设计师，你就可以问他："像我这种皮肤黑的人，穿什么颜色的衣服好一点儿呢？"这个问题对对方来说十分简单，他自然很乐意回答你的问题，你们的谈话也就可以进行下去了。

当然，谈话的切入点最好不要太过生硬，别人明明看上去很没精神，你偏说"你今天看上去气色很不错"，那很明显会让对方觉得你是个滑头，说的话没有一点儿诚意。除了这一点，还要注意开场白要选择一些积极的话来说，那些抱怨或者感伤就不要再谈了，否则只会让气氛变得很凝重，对方和你交谈也只会觉得是一种痛苦。找到了合适的话题，接下来的发挥也很重要。如果这个人是个健谈的人，那么他可能就接着由头说下去，你就不用再费心去找话题了，只需好好地倾听并及时做出回应即可。但是，有的人则天性内向沉稳，对于你的寒暄，他可能是问一句答一句，这样谈话进行下去就比较累。对待这种情况，可以在谈话的时候尽快找出对方的兴趣点，比如听到对方是做教师的，你可以说：“那一定是一份很有趣的工作，孩子们多可爱啊！”这时候他对你的话大多是会有所回应的，也许是赞同，也许是抱怨，无论怎样，接下来你只要好好倾听就可以了。在交谈进行到一定阶段，你们的关系也就近了，到时候再说其他的话，那就十分自然了。

好的开场白是交谈成功的一半，如果能在结束的时候再表达出自己对此次谈话的收获颇多以及对下次聚会的期待，那么无疑会让对方的心情更加愉悦。“虽然我们只是初次见面，但是一见如故，以后咱们得多多来往，和你谈话，那真是一种享受啊！”诸如此类的话，也会让对方喜笑颜开。

称呼也有大学问

/

称呼看似简单，其实中间学问不小，
小小的一句称呼可能让人欢喜不已，同样也能让人心生厌恶。
做对事、说对话很重要，准确地称呼别人同样也不容小视。

/

和人说话，总要有一句合适的称呼，有的人对此很不以为然，一句称呼而已，叫什么都是一个代号。这种很无所谓的态度，可能会造成他在别人的心目中成为一个无所谓的人。看似很小的称呼，可能让你在一瞬间叫得别人心里暖洋洋，也可能会在一刹那叫得人脸拉长。

杨光在办公室里虽然不太喜欢说话，但是人缘儿颇佳，基本每个同事都对他交口称赞，其中有一个很重要的原因，就是因为他的一声称呼就能让办公室里的女孩子心里暖洋洋的。在他的口中，崔晓丹成了“丹丹”，刘启英成了“英子”。男孩子们同样对他甚有好感，因为杨光在称呼他们的时候也都是去掉姓氏，直接称呼他们的名字，就这么简单的一个细节，让大家对他的好感提升了很多，加上他本人又很热心，所以成了办公室里最有号召力的人。

新人入职的时候，如果同事们都是年纪相仿的年轻人，那么就可以采用杨光的办法，舍掉姓氏，直接称呼对方的名字，就像家人一样亲切。当然，如果同事们都比较成熟稳重，最稳妥的做法就是叫他们老师，王老师、高老师这样的称呼虽然不是足够亲切，但是至少将自己尊敬对方和希望能有机会向对方学习的理念传达了出去。对待级别比自己高的上司，最好用“姓氏+职位”的称呼，比如王经理、张总。如果所处的公司是外企或者比较洋化一些的公司，那就更加简单了，直接称呼对方的英文名就可以了，称呼得太客气反倒有些生疏和别扭。总而言之，职场中的称呼要根据企业文化来定，做到入乡随俗。

在比较正式的场合，可以称呼女士为太太或者夫人，男士就可以叫兄弟、先生。最传统的称呼未婚女士为小姐的做法最好还是不要用，因为这个词很多时候与失足女扯在一起，已经被人们弃之不用了。美女这个词在某些场合也可以使用，但是因有少许轻佻之意，有时候很容易让人有油嘴滑舌的嫌疑。大多数女人无论她的年纪是16岁还是60岁，都有一个少女情结，希望自己可以年轻漂亮，即便岁月带走容颜，也希望不被别人看出来。所以，称呼女士，应该往小了称呼。不相识的女子，如果年纪比自己小或者年纪相仿甚至稍大于自己，都可以称为妹妹、姑娘；年纪很明显比自己大又不至于大到十几岁的女士，可以称她为姐姐、大姐；已经有些老态龙钟的女士，无论我们的年纪有多小，也要称呼她为阿姨，但如果她的年纪看上去比自己的母亲还要大许多，再称呼她为阿姨很明显就不合时宜了。王倩想在超市买一套健身器材，看来看去，一直在两个品牌之间犹豫不决，这时候，导购走过来问道："大姐，需要帮助吗？"

王倩开始的时候还没意识到导购是在问自己，因为她也只有30岁，而且还待字闺中，所以导购口中的大姐一定是另有其人。导购见她不答，又上前一步说道："大姐，要不要我帮您介绍一下这款机器的性能？"

王倩讶异地看看导购，再看看身边确实再无他人，立刻气得瞪圆了眼睛，气呼呼地说："不需要，我还年轻，受不起大姐这个称呼，你还是把这台机器介绍给真正的大姐吧！"导购的一句称呼就弄糟了一桩生意，由此可知，如果不想得罪一个女人，最好把她叫得年轻一些。

对于自己希望交往的人称呼要用心，同样的，那些在你看来可能并没有交往意向也没有交往机会的人，在称呼他们的时候也要留神。无论对方是一名服务员还是一名保洁员，在称呼的时候都要尊重。如果一大桌子人在一起聚会的时候，除了服务员的称呼之外，还可以喊对方小姑娘、小兄弟等，这样不但可以让服务员更乐于为我们提供服务，还能给身边的人留下亲和力强的感觉。

自我介绍要雷人，调侃一下也无妨

/
要想成为受欢迎的人，那就不妨做个娱乐大众的开心果。
多一点儿娱乐精神，不但可以让气氛更融洽，还可以加深别人对自己的印象。
现代社会，自我介绍就要语惊四座，令听者好感顿生。
/

很多人都希望自己在他人的心目中是完美的，尤其是面对一群自己渴望结交的朋友时，这种愿望就更加强烈。为了引起别人的注意，在别人的心中留下好印象，我们总是刻意去掩盖自己的缺点，让自己看上去或气质儒雅，或含蓄温婉，或诚实大方，或才华横溢，正是这样的心理负担，让我们在自我介绍的时候总是畏首畏尾，唯恐一句话说得不对破坏了我们的形象。但是在我们费尽心思地介绍完自己之后，似乎别人对我们的介绍并没有什么特别的反应。事实上，这种自我介绍普通得就像是饭桌上的一碗白饭，天天吃顿顿吃，你不厌别人也早就厌了。循规蹈矩的自我介绍也许保险，但是它无疑也是乏味的，很难给人留下深刻印象。

想要迅速让人注意到你，甚至在一分钟内就对你产生好感，就得别出心裁，不介意暴露自己的缺点，介绍得雷人一些，这样出奇制胜，才能迅速拉近人与人之间的距离。

徐晋刚过40岁就谢了顶，毛茸茸的头发中间是一片“溜冰场”，后来有很多人在背后拿这个特点取笑他，喊他“徐秃子”。这个带有侮辱性的绰号一度让徐晋很苦恼，他试过戴假发，但是让他更郁闷的是，人们除了喊他“徐秃子”之外，“假发徐”也成了他的代名词。

后来，徐晋在朋友的开导下想开了，他是做市场的，原先经常因为外貌缺少特点而被人忽视，现在头发秃了，虽然有很多不好的地方，但同时也让自己的辨识度增加了，很多客户都因为他的秃头而记住了他。

再后来，徐晋干脆灵机一动，把自己的这个看起来不太好的特点加到自我介绍中去。参加聚会，他从不戴假发，轮到他做自我介绍时，他总是大大咧咧地说：“我，徐晋，人称‘徐秃子’，其实秃子没啥不好，既省水又省电，还能说明我聪明绝顶。哈哈，以后各位走夜路或者家里停电了，尽管找我，我这脑门儿，有一点儿小光就能给您把屋子里照亮……”大家听了哈哈大笑，连忙招呼他坐下，气氛顿时热闹起来。很多人都因为徐晋的自我介绍对他顿时产生了好感，也因他的大度和自嘲的精神而佩服起他来。

其实，能够引起人们内心共鸣与好感的，从来不是高高在上的所谓有才之士，而是那些亲和力强的普通人。这个道理很简单，生活中类似的现象比比皆是，那么如何提升自己的亲和力才能一下子就吸引到别人的注意呢？最好的办法就是在自我介绍的时候花点儿心思，要雷人一些。没错，在很多时候雷人这个词代表的是让人无法接受，天雷滚滚让人震惊，但是自我介绍雷人一些往往可以瞬间收服人心，让人产生美好而深刻的印象。

敢于拿自己的缺点或者生理缺陷开玩笑，是豁达乐观的表现。

孙芳伶是个很出色的女孩，就是太胖，所以在找工作的时候还是颇费了一点儿功夫，不过，靠着她雷人的介绍，她终于还是找到了一份合心意的工作。

孙芳伶去模特经纪公司参加面试，几名决策人看着她的样子，面露难色，对于这一点，孙芳伶心里清楚得很，于是她说道："我叫孙芳伶，人长得比较有安全感，更有衬托感，如果我陪着模特们出去，保证个个看上去都是天仙美女……"

几名决策人都被孙芳伶的一席话逗乐了，他们原先的疑虑也打消了，孙芳伶也成了模特经纪公司的一名正式员工。

现代社会，从来不缺少有才华的人，相比而言，那些心胸豁达、有特点又具有不可替代性的人更能赢得别人的信赖，招聘这一类的员工，老板完全不必担心员工的心理健康，他们所做的工作又有质量的保证，自然颇受青睐。

自我介绍的时候把自己的特点说得雷人一些，同时巧妙化解对方的疑虑，自然无往不利。例如遭遇尴尬时雷人一把，可以给自己找个台阶下。

吴思新是个残疾人，一次，他拄着拐杖和一群朋友出去吃饭，因为菜肴汤汁太满，服务员一不小心把一些汤汁洒在吴思新的腿上，看上去真是狼狈，大家都静了下来，服务员连声道歉。吴思新拿起纸巾擦着说：“小兄弟，浇汤汁这招我早就试过了，它不能治好我的腿，不过倒是可以让它暖一下。”这样一番话不但立刻消除了尴尬，还让气氛迅速融洽起来，因为他的良好修养和敏捷反应，大家对吴思新立刻就产生了好感。

无论是自我介绍还是日常交往，雷人一点儿的介绍和自嘲足够可以让人迅速产生深刻印象。当然，雷人也要有理有据有档次，别拿低俗当有趣，否则即便是能够迅速给人留下印象，也难免令人蔑视。

感恩之心，让你幸福

/
人生最美丽的补偿之一，
就是人们真诚地帮助别人之后，
同时也帮助了自己。
——爱默生
/

感恩即乐于把得到帮助后的感激表示出来并且回馈他人。那些只知索取、不懂感恩的人认为自己的一切所得都是理所当然的，领会不到那其实是生命的恩赐，感受不到人与人之间的真诚与关爱，自然也就不会有幸福的感觉。

感激伤害过你的人，因为他磨炼了你的意志；感激欺骗过你的人，因为他增长了你的智慧；感激蔑视过你的人，因为他唤醒了你的自尊；感激遗弃过你的人，因为他让你学会了独立。

有一个女子刚刚搬了家，她的新邻居是一对贫穷的孤儿寡母。每天看着他们穿着粗布衣服冲她微笑，她就有一种眩晕的感觉，仿佛全身都是他们家腐败的食物味道。

有一天晚上，他们那一带忽然停电了，女子找到了蜡烛，点了起来。这时，敲门声响起。她拉开门，看到门前站立着邻居家的小男孩，脏兮兮的脸上有一双灵动的大眼睛，扑闪扑闪，亮晶晶的。他怯怯地开口："阿姨，请问你家有蜡烛吗？"女子心想：天哪，这是怎样贫穷的家庭，竟然连蜡烛都没有吗？我可千万不能借给他们，万一被缠上了，可怎么办呢?

于是，她不耐烦地对小男孩说："没有！"

小男孩闻言双眼一亮，高兴地说："我就知道是这样。"说着从怀里拿出两根蜡烛，"妈妈怕你一个人会害怕，又没有蜡烛，所以让我送给你两根。"

女子所有的防备在这一刻崩溃，她又自责，又感动，什么话也说不出，只好紧紧地抱着小男孩，感受着来自他的温暖，以及洋溢心中的幸福。

一位哲人曾说："所谓幸福，就是有一颗感恩的心，一个健康的身体，一个深爱你的人，一帮可同舟共济的朋友。"

感恩能够缩短人与人之间的距离，使人们逐渐变得仁爱、宽厚起来。生活在一个充满爱与关怀的世界里，自然会感受到一种简单而纯粹的快乐和幸福。

从前，有一个遭受灾难的城市，城里的居民几乎都忍受着难熬的饥饿。有一个善良的面包师目睹了这一切，决定尽自己的努力帮助别人。于是，他召集了十几个孩子，然后拿出一篮子面包，告诉孩子们："这里的面包你们一人一个，而且在饥荒结束之前，你们每天都可以过来拿一个。”

孩子们激动坏了，瞬间，他们蜂拥而上，抢了面包就跑，他们甚至都忘记了向给他们面包的善良的面包师说声“谢谢”。

当然，也有一个例外，那是一个瘦小的女孩，她静静地站在外围，等孩子们抢到面包离开之后，她才怯怯地走上前，拿走那个大家留下的最小的面包。然后，她走到面包师跟前，用她软软的声音表达着她的感谢。

日子一天天过去了，孩子们照例来抢面包师的面包，然后转身跑掉。女孩也依然等到大家都走了，才走上前拿起面包，向面包师道谢后离开。

这一天，她拿着面包回家，妈妈切开的时候，竟然从面包里掉出来好多崭新的银币。妈妈惊奇地叫道：“立即把钱送回去，一定是揉面的时候不小心揉进去的。赶快去，赶快去！”

当女孩把妈妈的话告诉面包师后，面包师面露慈爱地说：“不，亲爱的孩子，这没有错。是我把银币放进小面包里的，我要奖励你，愿你永远保持一颗感恩、谦逊的心。回家去吧，告诉你的妈妈，这些钱是你的了。”

女孩激动地跑回家，告诉了妈妈这个令人兴奋的消息，这是她的感恩之心得到的回报。睿智的面包师用银币奖励的是女孩一颗弥足珍贵的感恩之心。

传说，感恩是一棵小小的嫩芽，在上帝造物的时候，它就存在于人们的心中，但是，如果我们不小心地去发现呵护它，它就不会长大。而如果感恩的嫩芽茁壮成长，那么幸福、快乐、好运也将会紧随而至，只因为它们都是人类心田里的小伙伴。

感恩如同阳光一样，能够给我们带来温暖。不管我们从事什么工作，不管我们是社会哪个阶层的人，不管我们是贫穷还是富有，只要长存一颗感恩之心，就会拥有一种美好的处世品格。自然而然地，我们的生活中便会出现一处又一处的动人风景。

赞美送出，好人缘儿就来了

/
好话人人爱听，高帽人人爱戴。
赞美是人际交往的润滑油，送出赞美，
令对方的被认可和被尊重的心理需求得到满足，
取悦别人的同时又收获别人的好感，一分钟就能换来好人缘儿，何乐而不为？
/

拿破仑说："人类自古就是如此，要靠美名和虚荣来点缀。"事实上人类的本性中就深深地埋藏着虚荣的因子，很多人做的很多事就是为了得到一句肯定或赞扬。适时满足对方所在意的美名和虚荣，这就满足了人的心理需求，自然会颇受欢迎，这种满足对方美名和虚荣的方法，就是赞美。从心理学的角度来说，赞美是一种可以迅速有效拉近双方心理距离的沟通技巧，人的内心中都有被认同、被赞赏的需求，多去发现别人的优点，多去注意他所在意的东西，并及时将你的赞美说出来，那么你就会成为一个受欢迎的人，成就自己的好人缘儿。

人人都爱听赞美的话，有人说自己不喜欢，那是因为对方没把话说到他的心坎里，所以，夸人夸对地方，才能真正地愉悦人心。我们认识到了赞美的重要性，还要知道什么样的赞美才是最适宜的。既能让人开心，又能让人对你心生好感，这样才算是成功的赞美。

成功的赞美要发自内心，话一定要落到实处，避免落入恭维谄媚。既然是赞美，当然是由美而赞，找到了美，再去赞，才能不留痕迹，把话说到别人的心坎里去。如果你偏要对着一个胖胖的女孩子说她身材好，那肯定会招来别人的讨厌，还以为你是在出言讥讽。所以赞美的话一定要有理有据，带有真情实感，不能信口雌黄，否则不但难以达到目的，还会事与愿违惹他人厌，给别人留下油嘴滑舌、溜须拍马的坏印象。

赞美要有原则，要保证在抬高别人的同时，又不至于拉低了自己的身份。有很多人在称赞对方的时候说："您这本事，恐怕是我三辈子也学不会的。"被赞美的人可能心里觉得舒坦，但是同时他又可能会对赞美之人心生轻蔑，心想自己并没花多少力气就学到的本事，你居然三辈子都学不会！所以，在赞美别人的同时又不至于贬低自己，这是个基本的原则。

赞美别人不可太过夸张，别人取得了一点儿成就，你就说他"前无古人，后无来者"，势必引来对方的反感。

赞美别人不可在多人面前只夸一人，否则抬了一个人，却得罪了一群人，实在不是高明之举。

赞美别人态度要自然，不可声音太大，不然可能会让对方觉得尴尬，赞美的目的也就很难实现了。

赞美别人要另辟蹊径，挑对方在意的夸。对于一些刚刚在某些行业取得成绩的人，赞美他的时候可以说他在行业内的成绩；一位作家小有所成，夸奖的时候便可以说他的文章妙趣横生或者结构严谨；一个年轻人刚刚升职，你可以夸他年少有成，这些称赞大都是受欢迎的。当然，有些人在自身所属行业颇有造诣，经常因此受到旁人的恭维，如果你再去夸赞他在这个行业内的成绩，那么对方早已习惯于此，类似的话就如同是隔靴搔痒完全是在做无用功。所以，赞美这类功成名就之人，一定要另辟蹊径，说别人所未曾说且又令他颇为得意之事。

钱如意去拜访一位金融公司的老总，这位老总在任期内实现了公司的迅速腾飞，令很多人刮目相看，当然，这位老总也因此受到了业界和朋友们的称赞。钱如意心知老总长期被人赞扬在金融界的成绩，恐怕早已听得麻木了，想要和老总快速熟络起来，一定要保证找到最合适的切入点，适时地赞扬对方。后来他听人说这位老总写得一手好字，便心中一动，上门拜求墨宝。老总听说有人喜欢自己的字，立刻请钱如意进去，找出自己最得意的几幅字。钱如意看了直竖大拇指："真有盛唐之风啊！"老总听了心里美滋滋的。钱如意没用几句话便轻松换来了老总的好感，这就是他选对了角度，赞对了地方。

赞美要具体一些，有内容的赞美更能引起别人的共鸣，赞美别人要落到实处。"你这幅画画得可真好""你唱歌真好听""你今天穿的这件衣服真漂亮""你家里装修得真不错"这样的话可能会让对方露出笑容，但是如果能把话说得更具体一些，则可能会被人视为知己。昔日钟子期之所以被俞伯牙视为知音，原因就在于钟子期称赞俞伯牙的琴音“如高山，如流水”，真真正正地把赞美落到实处。或许我们没有在专业上有过多的涉猎，不能达到钟子期的造诣，但是稍稍把话题深入一点对大多数人来说并不是什么难事。夸别人的画出色，可以说：“前些天我在画展上看到过一幅和这幅画风格相似的，说实话，我感觉不及你这幅出色。”夸别人唱歌好听，可以说：“你嗓音真好，简直可以和专业歌手媲美了！”夸别人衣服漂亮，可以说：“这件衣服真适合你，你看上去更苗条了。”赞美的同时又表达出了对此人的关注，自然会深得人心。

赞美也要有的放矢，看清了对象再说。世界上的树叶千千万万，但是很难找出两片完全相同的。同样的，世界上每个人都是拥有独特个性的个体，在赞美的时候就要看人说话，想要一句话赞尽天下人是不可能的。

对待那些深藏不露、有主见的人，赞美不可夸张，简单一句，点到即止；对待那些活泼单纯的年轻人，就没有必要吝惜自己的赞美，他们的情绪可能会随着你的称赞水涨船高，对你的好感也会越来越多；遇见年轻漂亮的女孩子，就要夸她身材好、衣着有品位；遇见做了妈妈的女人，可以夸她保养得好、气质好；遇见带小孩的妈妈，就要夸奖她的孩子漂亮，一脸都是聪明相。

除了这些，赞美还要看对方的情绪。如果对方心情糟糕，那么你就最好只是静静地坐着，听他说，给他一个倾诉的机会，即便是要赞美，也要有理有据，不可夸张放大，否则只会让别人的心情更加糟糕。

发挥正能量，心态乐观成就好口才

/
真正拥有良好人际关系的人，往往不是那些能言善辩者，
而是浑身上下充满正能量的人。
一个乐观、积极的人，说出来的话往往更具感染力，更能给人如沐春风的感觉。
/

思想决定行为，这无疑是一句至理名言。一个人是怎么想的，在他的言谈举止中就会有所反映，情绪不佳、畏首畏尾的人，即便是勉强与人交流，恐怕效果也是要大打折扣。所以，想要以说取悦人心，单单靠锻炼嘴上的表面功夫是不够的，必须从思想认知和情绪管理上下功夫，保证浑身充满正能量，自信、乐观，才能说得好。

7岁的富兰克林很喜欢商店里的一枚哨子，他下决心把它买下来，于是便带着攒了很久的钱到商店里去，把那枚哨子买了回来，他根本没问哨子值多少钱，只是把钱扔在柜台上就跑回了家。回到家后，富兰克林吹着哨子到处转，当他的哥哥姐姐们得知他为哨子付了全部积蓄时，都告诉他："你上当了，哨子根本不值那么多钱。"富兰克林当时立刻气恼得哭了起来，那种懊恼的感觉直到多年之后都不能忘记。付出的钱远远超过哨子的价值，由此对他造成的痛苦远远超过了快乐。后来，富兰

克林对他的朋友说：“我长大后看到很多人的行为，其实和我当初买哨子的经历相似，很多人之所以遭受苦难，就是在于他们对事物的价值做出了过高的估价，为自己的‘哨子’多付了钱。”

事实上，从这篇故事中我们只要稍微想想就能明白，生活中普遍让人感到沮丧、畏惧、苦恼的事情，大都没有我们想象的那么严重，但我们还是不由自主地为这些坏情绪支付远远超过其价值的情感。在生活中，我们总是习惯用坏情绪为那些原本无须忧虑的事情埋单，这和付出了远超过哨子本身的价值的钱，道理是一样的。所以，如果你总是被坏情绪所侵扰，不妨问自己一声：为这些事情发愁、担忧，牺牲掉我的好情绪，是不是就值得呢？

心理学上还有一个沉没成本效应，当事情已经发生，再去哀伤、哭泣，就等于是在不断地增加沉没成本，无疑让自己的损失更大。所以，为了避免造成更大的损失，还是尽早忘记这件事情，让损失减到最少。

我们常说相由心生，言语的表达又何尝不是被内心的感觉所左右呢？在与别人进行交流之前，我们最先与自己交流，这就是心理学上的“自语”。人在“自语”的时候，是注定会被凝结在心中的能量所影响。如果人的心中充满负能量，那么说出来的话语之中自然也会发生方向性的转移。

一个人想要在人际交往中给人留下好印象，首先要保证自己身上散发着的都是正能量，由此，人的情绪也才是好的，说出来的话也才是自己真正想说的。当我们遭遇令自己不快的事情时，就应该立刻提醒自己：第一，我的情绪一定要好，否则只会增加沉没成本；第二，我不需要为这个“哨子”耗费我的好情绪，那太不值。

上班赶上下雪，人出于本能会感叹：“唉，这下子路就难走了。”这种感受可能在不知不觉之间已经影响到我们的能量场，类似的小事不断挤压，直至人的身上充满负能量，由此在表达的时候也会不自觉地表露出来，害处是不言而喻的。

当我们遇到令人不快、愧疚、担忧、困惑的事情时，最好的办法就是按照下面的步骤来调整自己的情绪，有了好情绪，才能表达出众。

当一个问题出现的时候，首先想想它的好处。遇见下雪，就想雪景之美，降雪会减少干旱，又会带来一场大丰收。同样的，我们也要努力在事业上取得大丰收。听到同事在背后议论自己，这可能会让你生气，但是转念一想，这也反映出你在办公室内人气上升，因为如果你就是默默无闻的角色，根本不会引起关注。再说了，即便你生气，那也于事无补，流言止于智者，那些造谣或传播者只能给他人留下小人的印象，时间是让真相大白于天下的最佳角色，让你的形象在别人心目中先抑后扬，或许对你是一件极好的事情。

换个角度来想，既然事情已经发生，就别再为打翻的牛奶哭泣。说错了话，站错了位置，形象变差……这些事情或许已经发生在你的身上，既然它已经是一个事实，你再去懊悔已经全然于事无补，唯一能做的就是尽可能提升自己的修养，在下一次机会来临的时候争取有更好的表现。

假如你依然觉得不舒服，就去想想哨子的故事。你愿意为廉价的哨子付出那么多吗？很多人因为一次的失误留下阴影，以后再有类似的事情发生便打死不肯上前，其实，这样就等于为一个哨子付出了远远超出其价值的金钱。很多人不敢在人前发表言论，或多或少是其曾经遭遇过沟通失败，假若过去的言论是那只哨子，当时你已经用失败为之付费，若继续因此而消沉，那么你所付出的便远远超出其价值。任何一个懂得计算的人都会明白自己究竟是得了，还是失了。

很多时候，那些失败的人际交往不是输在嘴上功夫上，而是输在自己的心理上。语言的表达本来就不是一蹴而就的事情，积极、乐观的心态是保持不断练习、学习的动力。内心充满了正能量，腹有诗书气自华，说出来的话自然就能吸引别人的注意，进而就能轻松获得别人的好感。

言语得体赚得好人缘儿

/
评论一个人言语是否得体，归结到根本上，
还是两个问题：一是态度，二是修养。
敢说、说对话、把握住分寸，这是言语得体的三个基本标签，
也体现着一个人的态度与修养。
/

在生活中，我们经常会发现很多人在面对熟人的时候能够口若悬河、侃侃而谈，但是一旦面对陌生人，就会变得腼腆起来，不肯多说一句。为什么会出现这种情况呢？如果你就这个问题询问当事人，他可能会告诉你："我就是紧张，患得患失，总担心自己说错话，加上互相之间本就不了解，实在不知道该说些什么。"确实，当我们面对一个陌生人，尤其是一个有可能改写我们命运的陌生人时，我们总是不自觉地紧张起来。越是想把话说得完美，舌头就越是打结得厉害，久而久之还可能会患上人际关系忧郁症。

其实，这些人都把交谈看得太重了，事实上，即便是那些可能改变我们命运的人，基本也都是通情达理的，他们所看重的不是你说了什么，而是你的态度问题。如果面对一个人，你连话都不敢说，别人怎么

可能愿意给你机会呢？所以，想要给人留下好印象，一定要把心态放轻松，无论你说的话多么缺少内涵，至少你开口说话了，那就远胜于默然不语。万事开头难，人际交往最难的莫过于开始的几句话，在结束了最常见的问候天气之类的寒暄之后，便可以寻找合适的话题与对方交流。首先把心态放轻松，找一个不太难的问题向对方咨询，如果所选择的问题恰恰是对方感兴趣或者他所擅长的，那么他就会很乐于向你展示这方面的知识，这时候你只要毕恭毕敬地倾听即可。即使对方给出的答案不太正确，你也完全不必较真儿，因为这只是你与他展开深入了解的一个桥梁而已。一旦交谈得以展开，下一个话题也就是自然而然的事情了。在交谈中自然地熟识起来，你的目的也就达到了。

上面我们所说的是一对一的交谈，如果同时面对一群人，他们纷纷向你表示欢迎并七嘴八舌地同你交谈，这种情景在生活中也是很常见的。春节的时候遇见亲朋好友，“结婚了没？”“有男友了没？”“我邻居的八姨婆的孙子人不错。”“早生孩子好恢复。”……这些来自亲朋好友的问候虽然都是出于好心，却令很多年轻人难以招架，恨不能立刻消失。可现实的问题是你不能消失，为了维持自己良好的形象，你还得想办法应对这些问题，然而如果一一回答很显然会带来更多的问题，甚至让人难堪。这时候，最为得体的做法就是将话语的主动权抓在自己手中，比如回答：“谢谢关心，难得你们都这么关心我，我实在是太感动了，若有时间，欢迎到我工作的城市去啊！随时欢迎……”巧妙地将难以回答的问题拨开，转到工作上，如果不愿意再交谈下去，也可以找个借口热情地同他们告辞。

能够放松心态，在他人面前说话，这就意味着你向良好的人际关系迈出了重要一步，接下来要做的，就是说对话。话人人都会说，但是懂得怎么才算说对话的人就少很多了。说对话，指的是在话题的选择上，不至于招来别人的反感，更不会踏入对方的“雷区”而不自知。

很多人倒是敢说话，而且为了表现自己的幽默，还会讲一些自认为好笑的笑话，其实这样做可能会造成三种不良的后果：一是讲笑话的人讲着讲着自己先笑得不成体统了，给人留下莫名其妙或者“此人笑点真低”的印象；二是笑话是很久以前就为人所知的，这样给人的感觉就是“此人知识更新换代太慢”或者“拿无聊当有趣”；三是讲的笑话偏于低俗，这个后果更严重，等于亲手把自己在他人心中的地位拉至低俗。所以，如果你不是讲笑话的高手，那就不要自己给自己拉低档次了。

除了不要随便讲无聊的笑话之外，闲言碎语、他人隐私更不可作为谈资。

有些人为了吸引他人注意或者增加谈资，便会找出一些东家长西家短的八卦话题出来聊：谁谁因为什么原因被领导批了一顿，谁谁刚刚接了一笔私活挣了多少钱，谁谁的老公出去偷腥了……没错，这些话题的确很劲爆，很容易引起别人注意，可以满足人的窥私心理，但是这样做除了会被人冠上“长舌妇”之名外，还有可能被当事人所知，惹上麻烦。无论你是不是谣言的第一个传播者，你都难逃被人怨恨鄙视的命运了。

除了话题选择上需要注意之外，还要注意交谈的对象。很多年轻人在一起信口开河、夸夸其谈，如果大家都是志趣相投，那自然无妨，谁也不会当真。但是，如果和你交谈的人是一个比较传统的年长者，这种不着边际的海侃胡聊可能会让他觉得很不舒服。所以，说话也要看对象是什么人，然后根据对象来调整说话方式。面对不相识的交谈对象，最好采用保守的聊天方式，不说无聊的笑话，不去打探别人的隐私，多听少说，既能在倾听中渐渐了解对方，又能获得对方好感。

当然，我们在这里所说的这些，都是很基本的东西，真正要想成为一位言语得体的交际高手，还要遵循一定的技巧，把握好一个度，不要把话说过了，过犹不及。对于不确定或者不好回答的问题，就可以巧妙避开，或者运用模糊词汇，以保证说出去的言语得体，又不至于为自己带来麻烦。

罗茜刚刚走进办公室，就被上司叫了过去。上司拿出自己刚刚做好的设计稿给她看："快来看看，我刚完成了一份设计稿，正想找个人参谋一下呢！快来帮我看看吧！"

罗茜接过设计稿，仔细看了一遍，说实话，她觉得这篇设计稿虽然挑不出毛病，但是也没什么出彩的地方。然而，如果照直说，可能会得罪上司，如果不说实话，大肆称赞，上司可能就直接将设计稿交上去了，后果可能会更糟。罗茜想了想，说道：“挺好的，不过呢，如果只听我一个人的观点，可能不太客观，不如等一下再找咱们设计部的几名设计师一起来看看，也许意见更中肯一些。”

也许有人会对罗茜所为颇为不屑，但事实上，人际交往本身就是虚虚实实，收获好人缘儿的同时又不会损害自己和他人的利益，这种做法虽然中庸，但依然有其可借鉴之处。

除了言语要得体之外，举止也要大方得体。自信大方地将自己想说的话说出来，同时把握好一个度，不去和人讨论有争议的问题，更不传播他人谣言，说话留有余地，保证自己利益不会受损的同时又不失礼貌，把握了这些方面，才能展示出自己举止得体的风貌。

人无信不立，言而有信才会惹人爱

/
口抒心意，将真诚注入话语，
以诚打动人心，拒绝浮夸讲大话，
这些是赢得他人信赖与好感的基础。
/

你能指望一个平时大话连篇的人帮你去做某件事吗？我想，大多数的人都会迟疑，因为这种人可以大言不惭，言语之中就堂而皇之地掺水，更何况是做事呢？

的确，浮夸讲大话的人往往给人不可信赖的感觉，甚至让人心生厌烦。仔细回想一下，其实这类人在我们身边实在是太常见了。他们可以为了让自己更有面子而面不改色地撒一个谎，或者装作和某个大人物相识而试图借此抬高自己。没错，也许一时之间他的谎话不会被人揭穿，但是只要他一直这样说下去，谎话总有被揭穿的一天，届时，再后悔也已经晚了。

曾经购买过电器的人大都有这样的经历：售货员滔滔不绝地讲解着关于自己的电器产品如何如何出众，从产品性能讲到价格优势，无一不让顾客心动，但是就在顾客准备购买时提了一下别的品牌电器，售货员立刻就开始对另一品牌大肆攻击，说它如何如何不如自己的品牌，极力劝说顾客去购买自己的产品。可越是这样，顾客就越不肯买，最后甚至会空手而去。又气又恼的售货员大多会把责任推到顾客身上，而事实上，真正导致顾客不肯购买商品的原因就是售货员的言语。如此夸夸其谈，甚至不顾及事实地去攻击对手，令人对他前面的介绍也产生怀疑——如此不客观，他所介绍的内容真的可信吗？当我们对他产生疑虑的时候，自然也就不愿意再去购买他的产品了。再反观之，我们往往会发现，那些真正出色的销售员对于产品的性能和特点都会给顾客做出详细的介绍，即便顾客提出了产品的缺点也不回避，而是巧妙地以大化小，令顾客觉得即便有些小缺点也是可以接受的。这样或许为商品的销售增加了一点儿风险，但是却为自己赢来了好口碑和回头率。以真诚打动人，这无疑是人际交往的一项基本法则。

在社交中，夸夸其谈的人是普遍存在的，但是他们存在的价值大多是娱乐大众的调味品而已，真正被人们重视的，是那些言之凿凿、掷地有声的人。

越是浮夸就越不可信，这几乎是人们普遍相信的真理。刘备曾经对诸葛亮说：“马谡言过其实，不可大用。”他明确地指出，马谡喜欢讲大话，讲大话的人是不可以重用的。而后来诸葛亮没听刘备的话，重用马谡守街亭，最终也导致了落败的下场，这也证明古人所言其实是很有道理的。所以，在人际交往中，我们也要为自己说出去的话负责任，有则改之，无则加勉。

事实上，真正能够给人留下深刻印象的并不是华丽的辞藻，有的时候，越是刻意追求言语的华丽与装饰，反倒越令人反感。我国著名思想家王充在《论衡》中说道："儒者之言，溢美过实。"一句话把所有文人都打上了"不可信"的标签，先不说他是不是言过其实，单单是从表面而言，言语过于华丽、刻意雕饰本身就很容易给人浮夸不可信的感觉。

很多人在说话的时候为了给人留下深刻的印象，专门拣好听的说，这本身没错，但是有些时候言过其实，只能给人留下浮夸不可信的印象。所以，无论说什么，都要注意一个"真"字，即便是夸赞的话，也要言之凿凿，让人感觉你是发自内心的。为了给人留下诚实可信的印象，在交谈的时候要注意，不确定的话别说，不能做的事别承诺。

有些人为了表现自己的能力卓越，把自己做不到的事情也拿出来说，结果别人当场相求，为了避免自己面子受损，他会勉强应承下来，结果要么就食言于人，给别人留下"大话精"的印象，要么就费劲九牛二虎之力勉强做好，苦头都是自己吃，别人也不会很领情。如此绝非智者所为，所以大家千万不要去说自己不该说的话，也别去应承自己没能力去做的事情。为了一时的好感或利益去说假话、大话，最终受伤害的人还是自己。

那么，真正受人欢迎的是什么人呢？无非是第一次交往就能让人感受到真诚的人。交谈的时候无关紧要的事情，想怎么说就怎么说，口抒心意，真诚更能打动人心。在生活中，我们往往发现，很多人缘儿颇佳者都有一个共同的特点，他们总是很真诚，无论言语是流畅动人，还是朴实无华，至少让人感觉到他是真诚的。所以，即便你没有口若悬河的本事，依然可以靠着真诚来打动人心，进而获得别人的信赖。话可以少说，事不可少做，日久终会见人心，口口相传自有好名声。

真诚的心意同样要用真诚的话语来表达。让言语变得真诚，首要的条件是你要确保自己吐字清晰有力又不流于浮夸。很多人因为没有良好的讲话习惯，结果说出的那些真诚的话语也带上了一些浮夸的色彩，结果自然是很糟糕的。

出口谦虚有礼，态度决定高度

/
没人喜欢和一个咄咄逼人的傲慢之人交谈，
待人温和、谦虚有礼的人更能给人可亲近之感，
交谈时拥有一个好态度，更容易得到人心。
/

相传有一位信徒非常虔诚，经常进行祷告，神灵被他的诚心感动，于是便赏赐给他一面镜子，他想要什么，便可以从镜子里得到。信徒从镜子里得到许多东西，他的亲友们得知了消息，都跑来想要看看这面镜子。信徒特别得意，他拿出镜子不停地诉说自己是如何如何以虔诚打动神灵，言语很是骄傲，好像全天下只有他最虔诚一样。但是，就在说话之间，手舞足蹈的信徒竟然一不小心把镜子掉在了地上，镜子摔了个粉碎。

故事很简单，一个人太骄傲、太得意的时候，往往也就意味着坏事即将发生。但是，在现实生活中，我们自信满满或者春风得意的时候，就是忍不住想要炫耀一番，结果大多不但不能让人羡慕，还很容易在不知不觉之间得罪人。杜甫的祖父杜审言在担任修文馆学士的时候，性情特别狂妄，他公然宣称自己的才学是“前无古人，后无来者”，即使是

屈原、宋玉在世，也只配做他的衙役，王羲之更得对他甘拜下风。我们且不说当时的人们会怎么想，就是现在听来，都觉得甚为好笑。屈原、宋玉、王羲之等人的名声依然显赫，但是杜审言，除了他是杜甫的祖父之外，我们恐怕再也不知道他有什么传世巨著了。浮夸的人言过其实，难免会让人心生反感，中国人自古就崇尚谦逊，越是谦逊的人就越容易让别人心生好感。《劝忍百箴》中曾说，国君骄傲便很容易亡国，大夫骄傲便很容易失去封地。同样，领导太过骄傲就很容易失去人心，难以令下属信服，下属太过骄傲也多不肯听从上司吩咐。即便是和陌生人说话，一个骄傲的人也不会受欢迎。

乔仁杰从一所名牌大学拿到硕士文凭之后，进入一家公司做策划工作。他的背景好、能力强，按说做个一两年就应该被提拔了，但是令人奇怪的是，他在公司工作了三年也没得到晋升的机会。

后来乔仁杰的顶头上司跳槽去了别家的公司，乔仁杰仔细分析了一下，在公司的策划人员中，自己无疑是最具竞争力的人选。但是让他想不通的是，公司竟然将老好人王博提了上去。乔仁杰心里就跟打翻了五味瓶一样，很不是滋味，工作起来也没了精神，他对公司的意见非常大，这个王博学历没自己高，能力也没自己强，凭什么升职？难道领导们都瞎了眼吗？直到一件事情的发生，乔仁杰才知道为什么领导提拔王博而不提拔自己了。

那次乔仁杰去洗手间，刚走到门口，就听见两个同事在悄悄地说话。本来乔仁杰不是个八卦的人，但是就在他准备推门进去的时候，突然听见有人提到自己的名字，他的好奇心令他停下脚步，到底他们在说什么呢?

“……乔仁杰其实好亏啊，咱们公司好多成功的策划都是他做的呢!”

“那也没办法，谁让他平时那么傲呢！说实话，每次我看到他那副鼻孔朝天的样子，心里对他的好感顿时就烟消云散了。”

“你说的也是，他这人吃亏就吃亏在太傲慢上！”

“嗯，他要是肯谦虚点儿，别总是跟领导抬杠，恐怕早就升职了……”

乔仁杰听了同事们的话，终于明白了问题的症结所在。他重重地叹了口气，转念一想，自己明白得还算早，亡羊补牢为时未晚。

越是干瘪的稻穗，就越是高昂着头；越是稻粒丰足，就越是愿意垂下头颅。人类社会也是一样，无知者最无畏，傲气外露，狂妄不可一世，好像全世界只有他最有本事一样。其实，他越是这样，就越容易将自己的不足之处现于人前，惹来人的耻笑和反感。越是有本事的人，越懂得自己的不足，他们往往更加谦虚。内心不自傲，表现出来的气质才是谦虚、让人可以亲近的。

仔细回想一下，那些初次见面就能给我们留下好印象的人，他们的身上大多有着一个共同的特点：谦虚有礼。那些即便拥有一定身份、地位也肯保持谦虚的态度的人，我们的感觉也大多是美好的，因为我们感受到了尊重。所以，如果我们想要在初次见面的时候就给他人留下一个好印象，那么就要放低姿态，无论是一对一的交谈，还是面对一群听众，都要放低姿态，保持谦虚的态度。

一位美国从政人员在竞选参议员的时候，曾经发表过这样一份演讲："今天我来这儿的时候，其实心里是很忐忑的，因为我知道在座的都是专家，我今日在诸位面前所说，无疑是在班门弄斧，说得越多，就越会暴露我的无知，我鼓起勇气到这儿来，说实话，不一定是个明智的决定。其次，这是一个早会，早晨是我们警觉性最差的时候，如果我因此失败，那么造成的后果是我所无法想象的……"这位从政人员在演说的时候，将自己的姿态放低，同时抬高了听众的地位，这个举动无疑是变相地奉承了听众。同时，又示弱性地将自己的担忧说出来，更容易激发人们的同情心和好感，所以，这次早会的结果无疑是成功的。

其实，从心理上来说，人都有一种好胜之心，无论身处何种地位，人们都希望得到尊重。因此，如果有一个人，尤其是他的身份、地位、才能高于我们的人，他肯放低姿态和我们说话，那么我们被尊重的心理需求无疑会得到满足，自然会对说话的人心生好感。一分钟就能赚到好人缘儿，这绝非空口白话、天方夜谭。同样，如果你想让你的听众敌视你，那么你就傲慢地同他说话，保证一场对话下来，对方立刻对你心生反感。当然，谦虚不等于谦卑，可以适当地放低姿态，但是不能让自己看起来卑躬屈膝、没有信心，态度要诚恳，自然展示自己而不是贬低自己。

当然，技高一筹者还有更好的表现。很多人在社交场合被人称赞在某方面做出的成绩时，大多不会立刻笑纳这属于自己的荣誉，而是把功劳归于身边的人。在别人称赞的时候，你可以说："哪里哪里！这绝不是我一个人的功劳，如果没有Tony、Sanny还有我的那些同事的帮助，我是不可能成功的，尤其是Jonny，他为这件事做了太多努力……"这种说法，不但会给听者留下谦虚、亲和力强、有团队精神的印象，你的那些同事同样也会对你生出好感。有了荣誉大家分享，这也是现在领导力的一种表现，对职场发展也是很有帮助的。

人若心宽，话语自温暖

/

俗话说：“将军额上能跑马，宰相肚里能撑船。”
为人宽容大度，给他人也给自己一个宽松的环境，
不为他人的话语影响自己的表达，尊重和包容他人，
才能真正地说出自己想说的话，同时也不致伤到别人。

/

当今社会，利益无疑是人类社会的重心之一，人际交往自然也离不开利益的影响。但是，愈是看重利益，就愈会产生诸多顾虑，交谈的时候难免会患得患失，唯恐说错一句话，做错一件事，结果反倒更容易出错，更容易给人留下不好的印象。而且，心胸不够开阔的人，容易睚眦必报，别人稍微得罪他一点儿，他就要报复回去，结果往往令自己陷入泥淖，最终受伤的还是自己。

古罗马有一位英雄，名叫科里奥拉努斯。科里奥拉努斯在战场上立下了赫赫战功，他的英雄事迹在古罗马被口口相传，众人提及他，总是赞不绝口。

可随着科里奥拉努斯年纪渐长，他希望能够从军界走入政界，过上安稳一点儿的生活。而这时候，想要进入政界，最好的办法就是竞选最

高执政官。

竞选开始了，科里奥拉努斯发表了一场令人十分感动的演讲。他从自己身上的无数伤疤开始讲起，向选民述说了自己在战场上十几年来的诸多艰难经历，几乎所有的人都被科里奥拉努斯的英勇和爱国情操所感动，他们都决定要投他一票。在当时看来，科里奥拉努斯注定会成功。

但是，走下演讲台之后，科里奥拉努斯完全变了。在投票日即将到来的时候，他开始在会议厅里诋毁对手，并高傲地宣称凭借自己的赫赫战功，必然会当选无疑，与此同时，科里奥拉努斯还在言辞之间不断恭维那些贵族，而对平民毫无致谢之意。

结果，选民们在投票当日纷纷改投科里奥拉努斯的对手，这直接导致了他的落选。

科里奥拉努斯依然不思悔改，他把所有的责任都推到那些导致他竞选失败的平民身上，发誓要对他们实施报复。

机会很快来了，一批物资运抵罗马，元老院开始为是否将这些物资免费发放给平民展开讨论。科里奥拉努斯当然不肯放过这次报复的机会，他用激烈的言辞抗议将物资发放给平民，并建议将平民代表赶出统治层，由贵族全权主导一切。因为他的反对，导致平民免费分得物资的议案未能通过。

消息传出去之后，罗马的平民立刻愤怒了，他们聚集在元老院门前，要求科里奥拉努斯当面对质。当时科里奥拉努斯傲慢地表示，他是不会和下等人见面的。他的这一举动，立刻引起了人们更大的愤怒，罗马的平民举行了一场声势浩大的暴动。元老院的元老见事态严重，便同意了将物资免费向平民发放的议案，但是人们依然愤怒地让科里奥拉努斯出来道歉，不然坚决不允许他再次奔赴战场。

科里奥拉努斯迫于无奈，只好走出元老院，压下心中怒火向平民道歉。开始时他的语气还算比较温和，但是在平民纷纷质问他之后，他开始暴躁起来，言语越来越无理，最后甚至公然辱骂平民。震怒的平民立刻大声抗议起来，他们要求元老院判处科里奥拉努斯死刑，将他扔下悬崖。最后，经过贵族们大费周折的劝说之后，科里奥拉努斯被判处终身放逐。平民取得了胜利，一场暴动这才得以平息。

归结整个事件，科里奥拉努斯之所以会从一个英雄变成惹人讨厌的平民公敌，最根本的原因恐怕就是他太过心胸狭窄了。无论出现什么状况，总是别人的错，他是决计不会错的；别人做了有损他利益的事情，他是一定要报复的。却不知这种态度恰恰使他陷入了更加恶劣的环境之中，最终导致了他的自食苦果。

古人说“君子坦荡荡，小人长戚戚”，胸怀坦荡的君子说话做事都是光明磊落、掷地有声，而小人则经常心事重重，忙于做好各种防范，难免会畏首畏尾，把自己和别人都弄得很累。君子则是可以放心去交的朋友，利益共享，肝胆相照，赚得了利益又得到了友情，也算人生一乐事了。

做个感染他人的小太阳

/
想让他人喜欢你，首先你得喜欢他人；
想让他人对你热情，首先你对他人要热情。
人际交往中，热情无疑是拉近距离、增进彼此关系的一个最有效的黏合剂。
发自内心的热情不仅可以感染别人，
也能让自己以更积极、乐观、饱满的精神去拥抱生活。
/

在美国历史上，西奥多·罗斯福无疑是一个威望相当高的人，只要是见过他的人，人人都会被他的热情所感染，无论和什么人说话，他总是不改其热情。

有一次，白宫男仆安德烈的妻子在草地上和罗斯福总统聊天。他们在聊到野鸭的时候，这位从未离开过华盛顿的主妇告诉罗斯福，她很希望能知道野鸭是什么样子的。罗斯福总统热情地向她描述了一番，但是安德烈太太还是想象不到野鸭的具体模样。

事情过去了好几天，安德烈太太正在家里打扫卫生，突然电话响了，她拿起听筒，电话那边是罗斯福总统热情的声音："快看哪！草地上有一群野鸭呢！"安德烈太太拉开窗帘一看，果然看到好几只野鸭停在草地上，再抬眼看向对面的总统居所，一位绅士正热情地拿着话筒同她挥手，那正是罗斯福总统。

其实，无论对待什么人，罗斯福总统总是那么热情。离任之后的罗斯福总统有时重回白宫，看到那些白宫的服务人员，他依然很热情地同他们聊天，“哈喽，桃丽丝，现在很忙吧？”“啊哈，杰克，我想你一定还没戒酒，不如有空的时候我们一起来喝一杯吧！”就是这样，他的热情感染了大家，整个白宫都充满了欢乐的气氛，大家像过圣诞节时一样兴奋，他们都因为罗斯福总统的到来而露出由衷的笑容。

事实上，热情就如同太阳，发自内心的光芒足以温暖他人，一个浑身充满热情的人无疑是一个容易感染他人的人。试想一下，如果我们的面前有两个人，一个满脸微笑，充满热情，而另一个则沉默寡言，一声不响，你愿意和哪一个人接触呢？毫无疑问，大多数人都会选择和第一个人接触。我们的内心总是渴望快乐的，所以我们愿意和那些快乐的人在一起，因为快乐是可以传染的，而一个热情的人无疑会给人带来快乐的感觉。所以，如果你想要成为一个一眼看上去就让人喜欢的人，那就让自己充满热情吧！

热情从哪里来呢？热情来源于内心，来源于积极的生活态度。一个乐观、积极的人面对工作和生活都会充满热情，做什么都全力以赴，遇到挫折和困难也可以凭借内心执着的热情去克服一切困难，并给身边的人以积极的影响。而那些没有热情的人是不可能全力以赴的，即便他们总是一再表示自己会拼命工作，但是冷漠的内心完全不受驱使，所以最容易半途而废。

阿托尔的前半生无疑是坎坷的，他原本很有天赋做一名出色的棒球运动员，但是因为一次意外受伤，他不得不选择退役。之后，回到家乡，他做了一年的收银员，但是那种无聊的生活很快便让他心生厌倦。

后来，为了生计，阿托尔便又开始去卖保险，更糟糕的事情发生了，整整一年，他连一笔保险都没有卖出去。阿托尔的心中充满了挫败感，他想，自己不得不再次转行了。事情在他接受卡耐基的培训课之后发生了转机。

那一次，阿托尔和其他学员一样登台发表演讲。可是演讲进行到一半，就被卡耐基给叫停了：“阿托尔，你是不是不喜欢你所演讲的内容呢？”阿托尔摇摇头。卡耐基又说：“那为什么你不肯更热情一些呢？”紧跟着，卡耐基便走上台去，按照阿托尔的演讲稿重新发表了一番演讲。他表情生动，言语铿锵有力，抑扬顿挫，显得格外激情澎湃，就连坐在台下的阿托尔也被感染了，他从来没有想到同样的一番演讲居然可以有两种差别巨大的效果。

自从那堂课后，阿托尔吸取了经验和教训，每次面对客户都充满热情地向他们介绍保险业务，无论对方是什么态度，都不改变自己的热情。这样两年之后，阿托尔就轻轻松松地成了华盛顿州最负盛名的金牌保险推销员。

想要感染别人，首先得感染自己，从内心发出的力量往往是最强烈的，由内而外散发出来的热情无疑也是最动人的。热情不仅是人际交往中最具吸引力的力量，更是人生幸福的保证，就像拿破仑·希尔的母亲所告诫他的一样："美丽和幸福一直存在于世上，这是一种神秘而令人向往的力量，所以，你要用最饱满的热情去追寻、去拥抱它，那么你的一生都将是幸福的。"拿破仑·希尔听从了母亲的忠告，始终用一颗富含热情的心去感受世界，追求和拥抱幸福，无论处在什么环境下都保持着热情、向上的精神，也正因如此，他获得了荣誉，也获得了众多人的好感。

第三章

做得好也要说得好，会说话方能事事如愿

良好人际关系的建立和获得，很大程度上取决于对语言艺术的正确运用。语言是人们交流思想、沟通感情最重要的工具之一。只有很好地运用语言，社交活动才能得以顺利进行。

忍让克制是良好的修养

/
生活中，谁都会遇到不顺心的事，在这种情况下，不能爆竹脾气一点就着，更不能针尖儿对麦芒，你倔他更犟。如果这时候我们能有意识地让自己冷静下来，能忍让时就忍让一下，我们的人生就会得到升华，心情也会随之愉悦起来。
/

忍让并不是妥协，更不是屈服和投降。它是一种策略，是一种非常务实、通权达变的处世智慧。

忍让是一种道德品质，它能彰显一个人的胸怀，也能显示出一个人内心之中真善美的比重。生活之中不可缺少忍让，不管是困境还是顺境，不管对同事还是对家人，都需要以忍让的胸怀来对待各种不如意，学会忍让是人类可以和谐共处的第一要义。

古人说：能屈能伸，方为君子。但如何做到屈伸自如、忍让有度呢？这其中所隐含的正是做人艺术之中“弯曲之道”。人生就好比江河，不可能一路狂奔，总要有一些弯弯绕绕，要想在遍布的坎坷之中走出一条坦途，就要学会“弯曲之道”。

有一对夫妇，在经历了多番的互相折磨之后，终于决定分道扬镳。在婚姻即将破裂的时候，他们打算做最后一次旅行，让两个人可以回忆当初恋爱的甜蜜。

当他们旅行到一座由东向西的山谷时，遭遇了一场大雪，前方的道路阻塞，只好暂时先住在山谷的旅馆里。

这座山谷的南坡长满了松树、柏树，树木非常茂盛，而在北坡只有雪松。夫妻二人看到这一番景象，感到非常好奇。当他们欣赏雪景的时候，发现北坡的雪总是比南坡要大很多，不一会儿雪松上面就落了厚厚的一层。但当雪积累到足够厚的时候，雪松富有弹性的树枝就会慢慢地弯曲，将雪从树枝上抖落下来。这个过程不断重复，虽然雪很大，但雪松没有因此被压断树枝。

再看南坡的那些松柏，它们的树枝过于坚硬，在风雪中无法弯曲，等大雪积累到一定程度，树枝只能被压断。所以它们只能生存在雪相对小一些的南坡，而无法享受北坡更为充足的阳光与营养。

妻子对丈夫说："在北坡上肯定也曾经长过松柏，但它们因为不会弯曲，失去了在这里生存的机会。"丈夫点头说："对啊，只有像雪松一样学会弯曲才能卸掉压力，才能获得生存的机会。"

顿了一会儿，丈夫忽然说："我好像明白了一些什么，外界的压力我们必须承受，而在无法承受的时候又必须要学会弯曲，不然就只能被压垮了，这和我们的婚姻是一样的。"

妻子激动地点点头，他们终于找到挽救婚姻的秘方，两个人紧紧地拥抱在一起。

大自然中的树都是如此，何况人类呢？弯曲不是倒下，也不是投降，它是一种忍耐，是一种人生境界，更是一种生存本领。弯曲之中蕴含着深刻的人生哲理，懂得适当弯曲的人并非不是大丈夫，它让人学会忍让，是更为完善的人格，也是对困难的超脱。

在生活之中出现的诸多矛盾，很多都是由于不懂得忍让而造成的，即便是一点儿小事，如果要针锋相对也会演变成不共戴天的仇恨，当人们恢复理智，必定会为自己不能忍一时之气而感到后悔。只要稍微学一学忍耐，多一些忍让，许多的矛盾都可以烟消云散。

在公共汽车上保持卫生是每一个人的责任，一个时髦的男青年却非常不屑地将一口痰吐在了地上。售票员见状便告诫他："为了保持车厢的卫生，请您不要随地吐痰。"

被当众指出吐痰的恶行，这名男青年顿时觉得非常没有面子，他不但没有道歉，反而恼羞成怒，对售票员开始大骂。一边骂，一边又吐了一口痰在地上。

这一行为让车内的其他乘客非常气愤，而那位售票员小姑娘也被气得面色通红，大家都看着她，不知道她会怎么处理这个难缠的乘客。有人大声地建议将男青年赶下车，也有人要求将他送到派出所。可是售票员稳定了一下自己的情绪，只是告诉大家要坐稳，一边说，一边从口袋里拿出纸巾，将地上的痰擦掉，将纸巾丢进了垃圾桶。然后，就好像一切都没有发生过似的，售票员回到了自己的座位上。

售票员的忍让使得男青年顿时羞红了脸，大家看着售票员的一系列动作也变得鸦雀无声，纷纷对她竖起大拇指。

车刚到站，那个尴尬的男青年便急忙跳下车去。下车后，他红着脸对售票员喊了一声："对不起！"

遭到别人的辱骂时，对方蛮不讲理，售票员却可以做到忍耐，这一点已经非常难得。忍耐让售票员掌握了事情的主动权，她没有和乘客对骂，更没有将他的羞辱放在心上，反而以自己的忍让使得对方相形见绌。当她擦掉痰迹时，也同时让男青年受到了最大的教育。这种以身作则、忍让大度的举动也使得售票员不战而胜。

虽然倡导文明的标语随处可见，但难免会遇到蛮不讲理的人，和这样的人对峙只能让自己陷入困境，而且还会带来其他意想不到的麻烦。互不相让带给我们的不只是形象的损失，更会让我们气愤难平。如果可忍耐一时之气，抑制住自己的脾气，正是对这种人最好的反击。正所谓：忍字头上一把刀，遇事不忍祸必招；如能忍住心中气，过后方知忍字高。

揣摩人心，说话掷地有声

/

无论是赞美还是批评，最关键的一点就是一定要猜透对方的心。
说话有针对性，才能事半功倍；
说话时言语铿锵、掷地有声，方能加强效果，
真正发挥语言的魅力，让你得偿所愿。

/

很多人都懂得说话的重要性，但是具体操作起来又是另外一回事。这些人认为，不是他们不愿意说好，而是总也抓不住要点，更抓不住人心，结果捧人变成了踩人，更糟糕的是一席好意的话把朋友变成了敌人，各种因言语惹来的麻烦常常让他们苦恼不堪，为什么明明是一番好意却落得个完全相反的结果呢？说到底，就在于他们没有用有力的话语把话说到别人的心里。

《孙子兵法》中说：攻心为上，攻城为下。其实，这种道理也适用于人际交往中，抓住人心就能速战速决，得偿所愿。就像我们在上文中说过的，赞美一个人就是要投其所好，赞美他最喜欢的、最在意的，这样就能让他打心眼儿里高兴，而不觉得是在被人奉承。同样，我们在批评别人、说服别人或者请求他人谅解的时候，同样也要把话

说到别人心里去。

简单说，批评人就要避免伤到别人的面子，所以要委婉；说服他人，就要旁敲侧击，放低姿态，让对方感受到真诚又不至于因改变主意而落个下风；感觉自己将要受到批评的时候就要先自我批评一番，让对方不好再去批评或者嘲笑你。

揣摩人心说起来很简单，真正操作起来却不那么容易，因为其中还涉及不少心理学的知识，更需要相当丰富的社会经验。所以，想要快速抓住人心，除了需要在实践和阅读中熟练掌握各种各样的技巧之外，还要掌握一个最基本的要素，那就是说话一定要铿锵有力、掷地有声。言语有力，才能让人感受到真诚、自信，才能让人信服。

很多时候，我们会发现，一个说话水平太差的人更容易招人不待见，尤其是在我们心情浮躁或者愤怒的时候，对方偏偏还在词不达意、答非所问、吞吞吐吐或者语速过快让人听不清楚，那种无奈、愤怒、压抑的感觉真是让人难以忍受，甚至忍不住要发作一番。而同样的一番话，经由那些口才达人说出来，不但可以传情达意，听起来要顺耳得多，还能让人心情在一瞬间平和下来，感受到真诚甚至为他折服。他们说话的方式可以是多种多样的，但是其中一定不乏重要的一点，那就是掷地有声的话语。

马丁·路德·金曾发表过一次精彩的演讲，题目是《我有一个梦想》，这篇演讲稿曾经被引入英文课本，但是大多数人都很难读出其中的韵味，更不能像马丁·路德·金那样读出煽动力，这其中的原因，除了马丁·路德·金本身的激情之外，言语铿锵也是重要的一个因素。怎样才能让自己说出去的话铿锵有力呢？这是一门需要内外兼修的学问。

从内在上说，要有自信，有激情，有知识储备。自信无疑是最基础的，说话没有底气，言语自然就无力。人有了自信才敢说，才不会患得患失，总担心出错。

一个人言语表达的自信，很大程度上取决于他的知识储备。一个人想要说出更动人的话，一定要有丰富的词汇量，有丰富的知识，这样说出去的话才不会流于肤浅，才不会因为思路受限而影响表达。所以，在阅读的时候就要有侧重点，经常阅读相关的书籍来丰富自己的知识。

除此之外，还要多多练习，多多向他人学习，总结他人的遣词、他人的思路，还有他人的语言闪光点，并渐渐地在自己的语言中运用出来，久而久之你也能成为一个口才高手。至于激情，就更不用说了，曾有人专门做过研究，一次成功的演讲一半取决于演讲的内容，另一半则取决于演讲者的激情。

想象自己的内心有一团火，这团火必须要通过言语抒发出来，于是便声音越来越大，情绪越来越高涨，感染人的力量也就越来越强。

从语言的表达上说，一个人说出来的话一定要是具体的、连贯的、可被人感知且有始有终的。在展开一场会话之前，一定要花上一点儿时间将自己要说的话在脑子中整理一下，事情的缘由始末都要理顺，争取一次只有一个主题，在说的时候要尽可能具体一些，不要急于说出核心的部分。从头到尾，力求每个点都说得具体而生动，让听众可以感知到。比如“我今天上班时碰到一件很惊险的事情，一辆黄色的加长林肯车在拐弯的时候……”这样的描述不但可以激起听者的好奇心，话说得具体些还能让听者脑子里更有画面感，自然就能被你的话语所吸引。说话的时候还要保证一个主题，这一点主要是为了让自己的注意力集中，减少失误，免得东一棒槌西一榔头，让人听得云里雾里不知所云。

无论多么缜密的思路，最后都要通过声音来表达，所以练好自己的声音同样是很有必要的。很多没有发声经验的人都会发现，说了一段时间之后就会觉得嗓子很累，但是歌手即便是载歌载舞两个小时，嗓音好像丝毫不受影响，这其中的缘故就在于对声音的练习。

很多普通人说话都是用嗓子发声，但是经过训练的播音员和歌手都是用丹田发声。用手按在腹部，开始说话，如果感受到腹部随着声音有节奏地动，那便是用丹田的声音，如果腹部动作很小或者没有，那么就是纯嗓子发音。纯嗓子发音不但会伤及嗓子，还会因气息不足而让声音听起来缺少底气。声音的练习，首先就要练习用丹田发声。找对了发声的部位之后，还要练习气息，平时练习的时候可以用3秒钟的时间深吸一口气，然后花上15秒钟甚至更长的时间慢慢呼出气息，如此反复。习惯了之后可以在呼出气息的时候数数字或者说话，练习一段时间，气息饱满，说出来的话就有底气了。在吐字上，要像京剧老生那样学习咬字，咬字一定要清晰，语音一定要有力。如果觉得自己言语有些含混不清，可以每天练习读绕口令，把字读清楚。

以上所说，终归是纸上谈兵，具体还是要靠我们在生活中多多积累和学习，由内而外地提升自己的语言能力，保证自己说出去的话能够让人听懂，进而达到抓住人心的目的。

言语搭配动作，别忽视身体语言

/
言语能够表述自己的意思，但是真正表现出自己情感的，
一定离不开身体的动作。
相比较口头语言来说，身体语言更能传达一个人真实的想法，
也更具有感染他人的力量。
/

我们向另一个人传递思想和感情是要通过言语来进行的，没有言语的帮助，我们的日常交往恐怕就没办法正常进行。但是，语言并不是传递思想和感情的唯一途径，事实上，大多数人在听另一个人说话的时候除了听他的话语之外，还会关注他的一举一动、一颦一笑，因为言语可能骗人，但是下意识的动作往往更能透露出人内心的真实想法。

如果一个人不注意一些身体上的小动作，不但会让人看穿你真实的想法，还可能会因为一些你可能根本就没有注意到的小细节而得罪他人。所以，我们与人进行交谈的时候，在确保言语质量的同时，还要注意自己的表情、姿势和小动作，这样才能让自己的语言更有说服力，并且不会让人因为不当的身体动作产生不好的感觉。

曾有美国专家做过研究，一个人对另一个人的第一印象，眼睛的影响高达77%。中国人也认为，眼睛是心灵的窗户，注意自己的眼睛，可以让语言的表达能力更强，也能给人更直接的观感。大家在生活中仔细观察一下我们接触到的人，便能发现很多给我们第一面就留下良好印象的人往往眼神很真诚，他们不会眼珠子乱转，更不会逃避我们的目光，他们的眼神大多散发出一种积极的光芒。正是这种眼神给我们以可以亲近的暗示，所以我们即便从未与他说上一句话，也会立刻对他产生好感。

在人际交往中，我们一定要注意自己的眼睛。在与人交谈的时候，眼神不要躲避，更不要低头，这样会给人你为人胆怯、没自信或者有事隐瞒的感觉。说话的时候眼光不停地往四下乱瞟的人，很难让人感觉到被尊重。因此，在交谈的时候要把目光聚焦在对方的脸上，并随着对方的言语而不时地点头或者微笑，才能让人感受到你是在认真地听他说话。当然，在看对方的时候也不要紧盯着对方的双眼，以免造成压迫感，让人觉得不舒服，最好看向对方鼻子与眼睛之间的位置，不要让目光太过聚焦。

如果和你交谈的不是一个人，而是一群人，那么你就应该在某个人发言的时候看向他。如果是你在发言，那么就应该把视线轮流放在每个人身上，停留片刻之后再看向下一个人，避免有厚此薄彼之分。

除了要注意眼睛，我们还要注意嘴巴。有些人喜欢时不时地咬嘴唇或者舔嘴唇，这种习惯是很不好的，不但很容易让人产生不好的联想，还可能会引起他人的误会，所以一定要改正。

另外，还有些人在笑的时候不自觉地将嘴角斜向一边，也许他自己觉得是调皮，但是在别人看来这种笑可能代表着一种轻蔑、不怀好意。所以，如果你不想被人误会，还是对着镜子练习一下脸部的微表情吧。

除了面部表情之外，还要注意我们的姿势和手势。很多没有注意过对自己的行为进行修饰的人都有不好的习惯，比如，说话的时候喜欢把双手背在身后或者两只手插进口袋里，这样可能很休闲，但是会显得漫不经心，很难给人留下好印象。

很多口才高手都喜欢在说话时用手势加强语言的感染力，或者使自己口中所说的某种事物变得更形象具体，所以也往往能给听者留下良好的印象。在说话的时候，我们也可以添加一些必要的手势以增强自己语言的表达力和吸引力。

当我们指责某人或者为某件事感到气愤的时候，就可以在诉说中加入有力的手势，连同面部的表情都变得凝重起来；当我们说到一件令人痛心的事情时，可以蹙紧眉头，紧握拳头并放在自己的胸部，这样可以把心痛的感觉表现得更加具体；当我们说到一个令人高兴的消息时，便可以喜笑颜开，同时加入灵活轻巧的手势，可以把气氛变得更加欢快。当然，我们还可以利用手势来描述一些物体的形状或者大小，比如说到某地的鸭梨很大，你就可以顺手比画出一个圆形来，让人知道那里的鸭梨究竟有多大。

坐姿和站姿同样也关系到一个人在他人心中的形象。相信大多数人对于一个坐得松松垮垮又跷起二郎腿的人都不会产生什么好感，站的时候不停地抖腿更会让人觉得痞气十足。虽然这些小细节可能只是你的无意识行为，但最好还是改正过来，“站如松，坐如钟”的人更容易给人可以信赖的感觉。

关于身体语言的内容当然不止这些，我们在生活中仔细观察总结，往往能有更大的收获，就像先人所说“纸上得来终觉浅，绝知此事要躬行”。

请人帮忙，以真诚打动人心

/
人生在世，谁不需要人帮忙？
请人帮忙，代表的是一种对对方能力和价值的认可。
面对真诚的请求又在自己能力范围之内，大多数人是乐于帮助他人的。
要注意的是如果得到了他人的帮助，一定要记得及时回报对方，
莫要做健忘症复发的“白眼儿狼”。
/

人在世界上生存，帮助别人和被人帮助都是难免的，没有一个人会说自己不需要他人的帮助，无论他是多么有能力。普通人自然也要请人帮忙，但是很多时候我们并不愿意去求他人帮忙，一是总担心为他人带来麻烦，二是担心欠下人情债，最在意的也许还是怕伤了面子，如果自己请人帮忙却遭到拒绝，那该有多糟糕啊！

这些担心当然不无道理，但事实上，有相当比例的人并不介意帮助他人，甚至还会以得到他人的求助而高兴。原因很简单，收到求助代表着自己有能力去帮助他人，自己是被人看重并信任的求助对象，由此可以确认自身的价值是受到肯定的，这无疑是一种变相的赞美，至少从感觉上来说，收到求助给人的感受是很好的。而进一步来说，帮人者在帮

助他人的过程中也能收获他人的尊敬和感谢，如此，自然是乐于帮助他人的。即便是针对他对你的请求给出了否定，那么你的形象也不会在他的心目中受损，他也不会对你生出反感，因为你求助于他，实际上已给了他一个大大的赞美。

由此看来，大多数人是不介意帮助他人的。所以，在你遇到困难的时候，不妨对着你要求助的人问一句："能帮我一个忙吗？"

请人帮忙，态度一定要真诚，无论对方是朋友还是不太熟悉的人，真诚的态度永远是必要的。态度代表着你对他人的尊重，也代表着对某人能力的肯定，如果求人帮忙还像个大爷似的对着自己寻求帮助的对象颐指气使，肯定会引起对方的反感，这种态度不叫作请人帮忙，应该叫作使唤人。态度太过随意同样可能让人不舒服，收到求助的人心里可能会想：没错，我们是朋友，但是我希望在我出力帮助你的时候，也能得到你的尊重。

求助于人必然会与对方的交往更加频繁，无论是来自行为上还是言语上，这种接触都会在潜移默化中增进彼此的了解和感情，那么最后由此使得友情更加深厚的概率自然就高出了很多。

当然，涉及具体求助的事务也是有一定的技巧要遵循。第一个要注意的，就是不要让别人觉得你求助的这件事很难做。比如，在去谈一个大单项目的时候你比较没有信心，想约上公司里的谈判高手吉姆一起去帮忙。你如果说："吉姆，今天的客户很重要啊，我心里七上八下的，要不你陪我去吧，帮我一下，我真不知道怎么办呢！”

这时候吉姆可能会想：我可不能答应，如果谈好了倒没什么，如果没谈好，不但显得我自己很没能耐，还会落个埋怨，这种事情我才不要去做。所以，最后吉姆还是拒绝了。

但是如果换一种说法，可能就会让吉姆欣然前往。你可以说：“吉姆，今天我要见一个大客户，我准备好了一切，要好好发挥一下，如果你有时间的话，能跟我一起去吗？我得需要一位高手的指点，以防我漏掉什么或者哪些方面做得不恰当，如果你能去，我就太高兴了。”

这种说法既真诚地赞美了对方的能力，又避重就轻地提出了要求，告诉吉姆整件事由自己扛着，他的责任只是在必要的时候指点一下，这下子责任就轻了，他自然就乐意去帮忙了。求助于人要尽可能把要求具体化，别让他担太重的责任，否则即便是感受到你真诚的赞美和肯定，他也会觉得“受不起”。

除了把求助具体化、责任淡化之外，还要注意请人帮忙要适度，不能什么事情都要请人帮忙，否则只能惹来讨厌。在我们的身边，总有那么一些人，他们事无巨细都求人帮忙，小到买盒饭、收发快递、代班、借车、接送朋友，大到借钱、代办重要手续……各种各样的求助让人烦不胜烦，而他们求助的理由总是那么轻描淡写的一句“来不及了”“我忙不过来”“家里有点儿事儿”，也不管别人是不是忙得焦头烂额，好像他的事情才是最要紧的。这种人通常会被人视为洪水猛兽，要敬而远之。如果你不想透支自己的人情账户，想在别人的心中留个好印象，那么还是要注意适度，不要滥用自己的请求。

如果别人确实不愿意或者没能力去帮你，你就要适可而止，不要步步紧逼或者苦苦纠缠，否则会伤了彼此的情谊，还会令对方觉得厌烦。如果别人接受了你的求助，帮了你之后，一定要记得感恩。

除了口头上的感激之外，如果别人因为帮你造成了什么损失，你也应该及时给予补偿。千万不要做在接受过别人帮助之后就立刻健忘症复发的“白眼儿狼”，在别人需要帮忙的时候你也应该及时伸出援助之手。

借力打力，逐客令也有人情味

/
朋友很重要，朋友多了才能互通有无，发展才能更加顺利。
但是朋友多了也有烦恼，来往的过程总是花去我们太多时间，
尤其是在朋友登门造访的时候，在不得罪他的情况下下达逐客令就成了一门技术。
逐客令富有人情味，关键还是要借力，借力打力才能不伤朋友面子。
/

有时我们很希望能够和三五知己畅聊尽欢，有时则更喜欢独处，一个人想休息就休息，想看书就看书。但是总是有朋友会选择这个时候登门扰了你的兴致，而且一坐就是几个小时，原本可供我们支配的时间就这么浪费过去，实在是让人觉得焦急、烦躁，但是如果贸然地请朋友出去，又很容易损伤彼此的情谊。

“请神容易送神难”，怎么才能对这些不请自来的朋友下逐客令，同时又不伤了彼此的面子和情谊呢？的确，向访客下逐客令不是一件容易的事情，但事在人为，动动脑筋，在必要的时候就能送走那些不肯离开的客人。

自从无意间得知邻居梁宇是名象棋高手之后，张兆远就格外高兴起来，他可是个象棋迷，以前下象棋要到公园里去才行，可是现在完全不

用了，邻居家就有一位高手。于是，张兆远就成了梁宇家的常客，两个人坐在客厅里下棋，经常一下就是好几个小时，这下梁宇的妻子豆豆不高兴了，以前梁宇可是个好丈夫，现在可倒好，洗衣服、洗碗等各种家务什么都不做了。

可是每次和梁宇说起这个问题，梁宇都无奈地说："我有什么办法，都是邻居，难道我赶他走不成？"豆豆心想也是，转念一想，张兆远这么天天不着家，难保他的妻子秀秀就一点儿怨言没有。

于是，趁着张兆远和梁宇在家下棋的时候，豆豆就去了张家，两个女人坐在一起聊，说起家里的男人，秀秀直抱怨，说张兆远天天就想着下象棋，连家都很少回了。豆豆连忙把自己的驭夫术一招一式全部传授给秀秀。

从那之后，张兆远就很少去找梁宇下棋了，即便偶尔造访，也是停留一阵就走了，因为"晚了秀秀又得唠叨了"。

借由他人的口来逐客，的确可以更有效。类似的还有家中刚刚诞生小宝宝的，可以提前和家人说好，朋友来了得去洗尿布，或者去煮饭烧菜，忙个不停，对方也就没办法和你在家里畅聊了。如果觉得这样失了面子，也可以交代朋友，小孩子睡了，咱们小声点儿，然后你的声音尽可能地小，让朋友觉得听了实在费劲，那么他心中的烦躁感就会越来越强。这时你可以说："不如改天咱们去你家聊吧，这样太费劲！"如此轻松达到了逐客的目的。或者在大门上贴一张"家有幼儿，请勿喧哗，多谢！”的字样，这样做好像是给周围邻居看的，实际上同时也可以对来访的客人起到警示作用，他看了便不好意思再在你家逗留，以后再聊天聚会之类的，便只能在外面了。但是，这种情况并不适合那些单身的人，没有妻子儿女，老人又不在身边，那该怎么做呢？罗松的做法就很有代表性。

李颖轩打电话给罗松，表示自己和女友吵架了，想到他那边去住一晚。罗松听了立刻说道：“真抱歉啊，我正在外地出差呢，没办法给你开门啊！”又一次，李颖轩去找罗松，罗松把头发弄乱，打着哈欠过来给他开门：“不好意思啊，最近为了赶设计，一连忙了两天和一个通宵了。你进来自己玩吧，我得去睡一觉，困死了！”李颖轩只好说：“算了，你赶紧睡吧，我可不准备在你这儿睡觉！”或者提前设定好闹钟，在聊了一会儿之后，闹钟响，当作接电话：“什么？你到车站了？好，我去接你！哦，不行，我朋友在这儿呢！”这时候，对方要是识趣的话自然会立刻告辞而去。如果看朋友还在呆呆地坐着，进而可以接着说：“要不这样，我问问朋友，看他愿不愿意和我一起去啊……”这时候对方大多会告辞，你的目的也就达到了。把朋友送走，你就可以回家继续做自己的事情了。当然，我们可以像以前电影里的科学家一样在墙上贴上一张诸如“闲谈不得超过三分钟”的条幅，但是可能会被人鄙视为“老土”。所以，在下逐客令的时候，最好还是把自己变成演技派。

还有一种一劳永逸的办法，就是鼓励他发展自己的兴趣。比如朋友喜欢练习书法，那么你便可以对着他的书法大大称赞一番，然后告诉他："只需再进步一些，足可比拟王羲之了。过几天送我一幅墨宝如何？"对方听了一定大为欣喜，会刻苦练习他的旷世之才，以后恐怕你再想去找他聊天都不是一件容易的事情了。

具体情况还要具体分析，只要多多开动脑筋，每个人都可以根据情况总结出一套属于自己的逐客之道，在不伤害双方面子的前提下借力打力，让客人不送自走。

人人都爱面子，切莫把话说绝

/
打人不打脸，伤人不伤面子。
中国人向来注重面子，给人面子就是给自己开路，伤人面子就是给自己堵路。
为人处世，切记要给人留足面子。
/

我们一向很看重面子。美国传教士明恩傅在《中国人的性格》一书中说：中国人宁肯不要性命也要保住面子，最显著的一个表现就是一名官员在被行刑的时候，皇上给予他一种特别的恩赐，那就是让他穿着官服俯身赴死，这样做就是为了保住他的面子。虽然世界上其他国家的人也都希望能保全自己的颜面，但是中国人无疑比其他国家的人更看重面子的问题。

春秋时期，郑国的大臣子家和子公去拜见郑灵公。在宫殿外面，子公突然食指大动。子公对子家说："今天有美食吃。"子家问他原因，子公说每次有美食时，他的食指就会颤动。子家起初不信，后来入了王宫，发现果然有美味的鳖汤，子公与子家相视而笑。郑灵公问他们在笑什么，子家就把事情的始末告诉了郑灵公，郑灵公微微一笑，什么话也没有说，到了吃饭的时候，郑灵公将鳖汤分与众臣，唯独没有给子公。子公偷偷伸个指头到鳖汤里，尝了一口便大摇大摆地离开了。郑灵公大怒，要杀掉子公。但是子公先行发作起来，杀掉了这个不给他面子的“无道昏君”。因为一桩小事酿成巨大的悲剧，好像有些过了头，但事实上，事关面子的事情在国人眼中从来就不是小事。人可以吃亏，明亏、暗亏，什么亏都能吃，唯一不能吃的是面子上的亏。所以无论我们做什么事情，都要考虑周全，不要伤了别人的面子。

《史记·游侠列传》中曾记录了这样一个故事：洛阳某人与人结怨，很希望能找个人从中化解矛盾，与对方言归于好，可是他请了十多位当地颇有名望的人帮忙登门做说客，以求得对方的谅解，可对方始终不肯原谅他。万般无奈之下，他找到一位名叫郭解的侠客，希望他能帮忙做一次说客。郭解答应了他的请求，登门劝说那人，费尽九牛二虎之力后，对方终于答应不再追究。郭解的任务顺利完成了，照理说应该是一个皆大欢喜的结局，但是郭解对那人说道：“我听说在此之前洛阳本地十几位颇有名望的人来调解纠纷，却未能如愿，如今您给我面子终于让事情得到了解决，让我深感荣幸，但是同时又要为自己担心。那些有名望的人都不能解决的问题居然让我给解决了，难免会让他们感觉失了面子，请您务必再帮我一次，装作不曾给我面子。我离开之后，几位有名望的本地人会再次登门游说于您，届时您再给他们面子，让此事和解。多谢了！”

紧接着，郭解又让求助者请来那些有名望之人，请他们再次登门做说客。果不其然，这十多人不辱使命，面子得以保全，回来的时候都是兴致高昂。

面子从某种程度上说，代表着一个人的形象和尊严。在美国著名社会心理学家马斯洛的需求层次理论中，“被尊重和实现自我价值”更是人类在满足生理、安全后紧随其后的问题。我们的内心都是渴望能得到别人的认同、喜爱和尊重的，所以没有人愿意自己的形象和尊严受损，人人都爱面子。所以我们在为人处世的时候，要记得给人留面子，别人有了面子，自然会对你心存好感，届时你再有所要求，他便不会吝惜帮忙了。

卡耐基年轻的时候，曾举办过一个宴会。在宴会上，一位宾客发表了一番祝词，却把其中一句来自莎士比亚的话说成了是《圣经》里的。年轻的卡耐基按捺不住，上前对那名客人说道：“您刚才说的话是来自莎士比亚的戏剧，而不是《圣经》！”这位宾客却不肯承认：“肯定是《圣经》上的，不可能是莎士比亚说的。”两个人谁也说服不了谁，于是便去问卡耐基的好友贾蒙，他可是研究莎士比亚的专家，不可能不知道这句话出自哪里。

谁知贾蒙却说：“是卡耐基错了！”卡耐基听了很郁闷，在宴席结束之后问贾蒙：“那句话明明出自莎士比亚，为什么你却说我错了？”贾蒙说道：“你觉得在宴席上让一位宾客失了面子，这件事你做得很对吗？宾客来参加你的宴会，你为什么要为一个无谓的问题和他争辩呢？像这次的冲突，希望以后越少越好。”

的确，在很多时候尽管我们知道自己错了，但是为了面子也依然不肯承认，如果有人执意要解开真相，让我们失了面子，那么我们也一定要把他拖下水，让他没面子。所以，在很多时候，如果我们有机会为他人保全面子，那么对方一定会对我们感激不已，以后再对他有所要求，他也自然会大开方便之门。

除了不伤及他人的面子，同时还要注意给人面子要给足。有的人声望、地位都很高，结果你偏偏不给他应有的待遇，而是将他和普通的宾客放在一起，那就是一件很不合适的事情，会让对方觉得没了面子。

赵韩伊在公司是一位金牌销售，别人怎么都搞不定的案子，只要他一出马，一准拿下。有人问他个中的窍门，赵韩伊总是微微一笑，连说是自己运气好。

真的是他运气好吗？当然不是，只不过赵韩伊深谙面子之道，他可不愿去做一个给人传道授业解惑的夫子，摆高了自己的位置，并不会给他人带来好感，所以他对自己的窍门从来是绝口不提的。

其实，赵韩伊的成功之道说起来就两个字——面子。无论客户是什么人，他都是谦虚有礼。谈论起价钱的时候，赵韩伊从来都是文质彬彬，以一个“拖”字来应付，对方摸不着他的心意，慢慢地也就撑不住了，这时候赵韩伊又会在对方给出的价格上再探讨出一个友情价，合作自然皆大欢喜。即便是应对那些火气很大的客户，面对对方的猛攻，赵韩伊也谨遵和气生财，宁肯牺牲掉自己的面子也要保持一团和气，因为面子是最要紧的，如果自己也站起来开火，那么对方下不来台，生意自然也就没得做了。很多和赵韩伊合作过的人都在他那里得到了面子，进而成了他的朋友，朋友又会带来新的朋友，所以赵韩伊的金牌销售地位也就屹立不倒了。

不仅是在做生意的时候，我们平时在生活中也要注意给他人留面子。如果我们不给人面子，那么我们自己的面子也就很难保住了。只有懂得保全别人的面子，才能更容易得到人心。

倾听是种礼貌，更是一种交流

/
会说还要会听，表达自己的同时更要做一个善于倾听的人。
多给别人表达自己的机会，这样不但可以了解对方的真实意图，
还能表达出自己的尊敬，获得别人的好感。
/

在这个世界上，最省力、最富有感染力的交流方式有两个，一个是微笑，另一个就是倾听。微笑可以瞬间拉近人与人之间的距离，而倾听会使人更受欢迎。从某种程度上说，一个善于倾听的人往往会比一个能说会道的人有更好的人缘儿。造成这种情况的原因，其实是和人的本性分不开的。

从心理学上来说，每个人80%的注意力都是集中在自己的身上，以自我为中心，喜欢表现自己而不是让别人表现是一种本能。所以，如果我们愿意把表现的机会留给别人，让他在表达中获得满足和有被尊重感，那么在交谈结束之后，我们往往就能收获好人缘儿。

卡耐基先生在参加一次聚会时，邻座的女士知道卡耐基曾写过很多世界各地的旅游见闻之后，便饶有兴趣地问卡耐基可不可以给她讲一些有趣的见闻，因为她和丈夫前段时间去非洲，才发现原来世界上有很多

有趣的事情。

卡耐基听了女士的话，立刻惊叫了一声："非洲？那一定是一次很愉快的经历吧！我一直很想去却没有机会呢！你能告诉我一些非洲的见闻吗？"

就这样，在接下来的时间里，女士兴高采烈地向卡耐基说起了自己在非洲的经历和见闻。卡耐基一直很认真地倾听，让女士把她的话题继续下去。聚会结束之后，女士依依不舍地告别了卡耐基并约他下次见面的时候再聊，女士对卡耐基的印象真是好极了。

其实，在整个交谈过程中，卡耐基没说几句话，他所做的只是满足了女士倾诉和被倾听的需求。而恰恰是他在整个过程中的认真倾听让女士获得了被尊重的感觉，进而也让他自己收获了对方的好感。所以，从某种程度上来说，倾听代表的是一种不加言辞的赞美和尊重。可惜在现实生活中，总有很多人不了解或者不愿意了解这样的事实，他们总是希望一直说下去，而不是倾听，却不知道诉说并不能给自己带来好人缘儿，甚至可能让自己在别人心目中的感觉更差。

当我们遇到什么喜事或者心中愉悦的时候，总愿意把这份喜悦通过语言表达出来。生活中处处可以见到这样的现象：一个人神采飞扬地向另一个人诉说一些令他高兴的事，那种兴奋溢于言表。其实，这样做的后果除了让听者觉得厌烦和嫉妒之外，没有任何益处。就像法国著名哲学家罗西菲戈说的那样：如果你在别人面前炫耀，你将得罪他；反之，如果你让别人在你的面前炫耀，你将收获友情。事实就是这样，当一个人在其他人面前滔滔不绝地炫耀之时，听者大多会感受到压抑，甚至还可能会产生嫉妒，不用怀疑，这是人的本性。德国人经常说到这样一句话——最令人高兴的事情莫过于一个一直走运的人终于倒霉了。一个人不停地述说自己的好事只会惹来厌烦，但是如果他愿意倾听，那么就无异于赐给别人一份最好的礼物了。就像一句西方谚语说的那样：倾听是最好的恭维。真正的口才高手需要掌控心理，适时表达，更需要认真而专注地倾听，即便是一个脾气火爆、百般挑剔的人，面对一个有耐心的倾听者，也会感受到温暖和尊重。

除了表达尊重和礼貌，倾听还是一种交流的手段。只有认真倾听，我们才能明白对方的意图，甚至得到意外收获。

老板讲话的时候认真倾听，不但能给他留下你认真和尊重他的印象，还能把自己接下来要做的事情弄明白，明白老板的意图之后才能更顺利地开展工作。

听成功人士说成功道失败，不但会让对方有遇到知己的感觉，还能让自己从对方的经历中获得宝贵的经验和教训，甚至还能获得一些意外的商机。

想要获得一个好人缘儿，首先要学着去倾听，因为对大多数人来说，他们需要一个有耐心的倾听者远胜于一个滔滔不绝表达自己真知灼见的人。

真正的口才高手都是善于听的人

/
在听的时候不要去思考接下来自己要说的话，
像个真正的心理学家一样，站在别人的角度去看问题，真真正正地去感受这个人，
倾听他的心声，这样做不但可以改善我们的人际关系，
还可以获得更多人的信赖和好感。
/

很多人都对人际交往感到压抑，因为他们总是会发现自己没有准备好怎么去面对一个人，尤其是面对陌生人的时候，总是莫名其妙地紧张起来，担心自己说不好，担心自己说错话。大多拥有这种想法的人，其实内心都比较追求完美，更担心因言语不当而失去面子，这是人之常情。解决这个问题的办法，一个是多多锻炼自己的口才，但这是个相当漫长的过程，需要我们不断地学习和练习；另一个是可以帮助我们在人际交往中迅速赢得好感的办法，就是听了。

听似乎很简单，坐下来，别人说，自己只需付出一对耳朵去听，多简单啊！但是事实上，真正的倾听一点儿也不简单，尤其是我们专注于听而不发表自己言论的时候，很多人可能听一个小时就累了，这绝非耸人听闻。没错，确实很多人都有过彻夜长谈的经历，说一夜都不觉得

累，但是这是一种双方的交流，而不是单纯地听。我们说话的时候，只要按照自己的思路去走就可以了，想到什么就说什么。但如果是一个认真的倾听者，他就要跟着对方的思路去走，去理解对方的意思。如果对方说的话和自己的认识相冲突的话，他还必须得克制住自己反驳的欲望，强迫自己的思路跟着对方走。其实，这个过程只要我们尝试一下，就会明白其中的感受——听其实比说更累。为什么很多青春期的孩子在父母的面前一言不发，到了心理医生那里却肯说话呢？原因很简单，因为做父母的总是想用自己的经验去纠正孩子，他们在孩子开口说了一段话之后就会出声纠正或者指责孩子的谬论，既然他们不肯尊重孩子的意见，不肯听孩子说，那么孩子自然也不肯听他们说了。而在心理医生那里，孩子可以畅所欲言，因为大多数成功的心理医生都是以疏导为主，他们引导孩子去说。当孩子敞开心扉地说的时候，就像是一张张开了的网，哪个地方脱了线，哪个地方打了结，医生能看得一清二楚。在轮到医生说的时候，他就能一针见血地把其中的症结道出，并利用自己的专业知识进行疏导，这样孩子会觉得自己遇到了知音，他才愿意接受医生的劝告。

同样的事情还发生在一些社会团体中。我们很容易就能发现，无论是一个什么样的团体，里面都有一个核心人物，这个核心人物说出去的话往往是很有说服力的，他们的威望是怎么形成的呢？没错，可能是因为修养和社会地位，但是其中一定有不少人是因为善于听而获得更大的信赖，这种信赖往往是从心底里发出的。曾有一位名人说：“自从我学会闭上嘴巴之后，我获得了更多的威望。”把说的机会留给他人，自己就能收获好感。人无完人，一个人最容易显露其缺点的便是其言语。无论他多么善于隐藏，只要他说了，言语之间就难免会把自己的缺点带出来，说得越多，警惕心就越低，展露出来的缺点就越多，就越容易被人发现，尤其是被那些善于听的人所发现。极具说服力的人轻松几句话，就能让你惊叹，感觉好像遇到了知己一般，所以你愿意听从他、跟随他。如果这个人是个善良的导师或者积极向上的人，他真心地开导你，那么你人生的很多问题都会迎刃而解。

想要快速抓住人心，就要多听少说，把说的机会留给别人。这样做，不但可以让你更清楚地看到这个人的内心，知晓他的喜好与禁忌，进而迅速结交这个人。同时你良好的态度也可以将尊重快速传递给他人，快速赢得他人的好感。

快速赢得好感，善用附和的魔力

/
在倾听的时候适当地予以附和，
代表的是一种认同，一种精神上的鼓励与尊重。
在满足他人倾诉欲望的同时，你也会收获他人的好感。
/

聊天必然是双方都要进行的交谈活动，聊天时一个人总是说，而另一个人一直在听，这种情况还是很少见的。大多数情况下，一个人说了一阵之后，就要由另一个人来说。所以，人际交往除了说之外，还要听，在听的时候给予对方一些积极的反应也是很必要的。

有一位美国专家做过一个实验，实验的第一个阶段，让学生们毫无表情地低头听教授讲课，不做任何反应，这位教授也一直是照本宣科，毫无激情。而在实验的第二个阶段，专家让学生们对教授的话语做出积极的反应，学生们不但和教授有眼神上的接触，还时不时地附和一下或者点点头。在这种情况下，教授的情绪变得高涨，他开始加入一些手势，并且语言也活泼了许多。从这个实验中我们就能看出，在对方说话的时候适当地附和很显然会让说话者受到鼓舞，并给予更加热情的反应。当然，这种附和也是有技巧的，不是随意的“嗯”或者“哦”就可以的。

女大当嫁，一个27岁的漂亮女孩很希望尽快找到一个合适的对象，但是在接触了好几个男孩之后，她失望了。朋友问她：“甲小伙儿不行吗？他人品好又收入不菲。”女孩回答：“甲小伙儿别的都没什么，最大的毛病就是总喜欢卖弄文采，有时候说到兴头上完全不给对方说话的机会，既然是谈恋爱，怎么能一个人说呢？他既然那么喜欢说，就回家找面镜子自己对着说去吧。”朋友又问：“那么乙小伙儿总可以了吧，他好像不是个话痨。”女孩叹口气说：“的确，乙小伙儿话不多，但是每次我说起公司里的事情，乙小伙儿都是‘嗯嗯啊啊’的，看上去就是心不在焉，连附和的话都不会说。”最后，女孩总结道：“物质我不缺，帅气更不是我看重的，我想找的是一个即便到了年老的时候还能坐在一起聊天的人。”

女孩的苦恼其实颇具代表性，的确，在我们的身边，从来不缺少口若悬河的人，也不缺少愿意听的人，但是偏偏缺少一种既懂得听又懂得说的人。有时候，我们在面对地位、年纪比我们低的人说话的时候，他们是在听，但是他们的听并不能给我们以喜悦或者尊重，因为他们在听的时候并没有用心，他们做的只是一种表面功夫。

为什么说是表面功夫呢？仔细回想一下我们与人交谈的经历就能明白。我们很多人在倾听别人说话的时候，表面上很用心，不时地点头或者发出“嗯”“哦”的声音，但是实际上并没有把太多的注意力放在别人所说的话上，因为我们还要考虑自己接下来要说的话，所以我们能做出的附和是很有限的，或许交谈的双方都不会发觉这个问题，但是谈话的效果是双方都不能尽兴。再看那些人缘儿颇佳的人或者心理学家，他们可以说，也可以听，在说的时候是有针对性地说，听的时候也是全神贯注地听，并总是可以以丰富的语言来附和引导对方，让他说出心里话。举个例子也许更能说明这个问题。

小丙对小戊说："我最近很烦躁，一个同事老是针对我，我就和他吵了一架，现在我更烦躁了。"小戊说："哦。"小丙说："唉，我好烦，感觉自己不能在这个公司待下去了。"小戊说："谁说不是呢？现在变态的人到处都是，我们公司就有一个同事，整天找人借钱又不肯还，我真想揍他一顿……"

小丙找小戊聊天，小戊表面上是在听，实际上却是在想自己的事情，结果话题自然就偏离了，小丙心里的烦躁症结最终也没有解开。这也许是我们大多数人在针对自己不感兴趣的话题时所做的附和。如果感兴趣的话，对话可能是下面的情景。

小丙对小庚说："我最近很烦躁，刚刚和一个同事吵了一架，吵完更烦躁了。"小庚立刻吃了一惊："是吗？那么最后谁占上风了呢？"小丙说："好像是我吧，因为我火气比较大，大声吵了几句他就不吭声了。"小庚说："那你还挺厉害的，也许他是觉得理亏了，对了，你们是因为什么吵起来的呢？"小丙说："好几天前的事情了……"

对于小丙的困惑，小庚倒是有兴趣去听，但是他更关注的是自己的好奇心，不断地附和或者询问只是为了满足自己的好奇心，他根本没有去考虑小丙的困惑，也没有想到站在小丙的角度去考虑问题，更不曾设身处地地去引导好友。所以，即便小丙能够在小庚那里一吐为快，但是这对他的处境并不会有什么帮助。我们真正想得到的附和应该是下面的这种情况。

小丙对小丁说："我最近很烦躁，和一个同事吵了一架，现在我更烦躁了。"小丁说："这种事情几乎每个职场人都会遇到，别放在心上。"小丙有些吃惊，他问小丁："你说的是真的吗？"小丁答道："当然是真的，我身边很多朋友在工作中都和人起过冲突，还有个甚至动手了呢，磨合期的时候出现这种问题是很常见的。"小丙听了，顿时松了口气，说道："那我就放心了，我刚刚还想是自己的问题，正打算换工作呢。"小丁说："放心吧，过段时间就好了。"

在整个过程中，小丁不但很认真地规劝好友，还把话题往好的方向去引，避免让小丙回忆之前那些不愉快的经历，帮助小丙从坏情绪中走出来。所以，他是小丙三位好友之中最能让人感受到温暖，并乐意与之相处的人。

想要在人际交往中收获好人缘儿，适当的附和是必不可少的。一个人告诉你他很不开心，那么你作为朋友的责任，就是让他开心起来，至于是什么原因导致他不开心，说不说随他的意愿，一味地想要去刨根问底探究原因，可能反倒令人反感。

附和对方同样也是有规律可以遵循的。首先，附和应该是对对方的肯定，无论他说话的时候是兴高采烈还是垂头丧气，你都应该对他持肯定态度。既然在听别人说话，就不要再去发表自己的看法，作为倾听的一方应该尊重对方，在别人说出对某事的看法时，你可以说“应该是这样”“大抵如此”“我想也是”，而不要说“但是”“不过”这样的话。这样才不至于打断别人的话语，让他说下去。很多时候人与人之间的交谈只是一种感情上的沟通或倾诉，没必要像辩论赛一样弄个两边不痛快。当然在附和的时候也要尽可能地加入一些肢体动作，比如，同意对方看法的时候点点头，或者听到惊险的事时瞪大眼睛等，都可以给对方以鼓舞，让他继续说下去。

不容忽视的言行举止

/
包装人人都会，想要了解一个人的个性心理，
就要有见微知著、小中见大的本领。
通过观察未经掩饰的微动作、发自本能的语言应对，
我们便可以有的放矢，更好地将沟通进行下去。
/

正如行为学家所说，面对大事人们会表现出自己希望能够表现出的样子，但是在小事上便会做回自己。所以，想要了解一个人，就要从点点滴滴的小细节着手，分析其个性，这样得到的结果才是最接近真相的。

明末清初，皇太极派范文程前去游说被俘的明朝大将洪承畴。面对皇太极许下的诸多好处，洪承畴义正词严地给予拒绝。范文程正担心无功而返，恰好从房梁上落下一点儿灰土，掉在洪承畴的衣服上，洪承畴立刻用手指把身上的灰土弹去。范文程回去之后，将席间发生的事情一五一十全部告知皇太极，皇太极听完就笑了，他对范文程说：“洪承畴不足为惧，他定会归降我大清。一个连自己的衣服都这般爱惜的人，怎么可能会不爱惜自己的性命呢？”之后，皇太极亲自去探望洪承

畴，然后将贴身的狐裘大衣披在了他的身上，说道："先生这下不冷了吧？"洪承畴痴愣半晌，之后深深地叹了口气，说道："天赐明君，人若奈何？"便跪下叩头，正式归降了皇太极。皇太极信守诺言，不但给予洪承畴诸多封赏，还开席设宴，大肆款待他。众位大臣很不服气，认为皇太极对洪承畴好得有些过分了。

对此，皇太极说："我们努力了十几年，就是为了入主中原，现如今得了洪承畴这么一个熟悉中原的向导，如果不能让他后顾无忧，又怎能让他倾尽全力为我们效劳呢？"后来的事实也证明皇太极知人、用人之道的正确，靠着对手下大将的了解，他才能指挥若定，知人善任，以至于后来可以挥斥方遒，创下一统中原的丰功伟绩。皇太极从一个小小的细节上就能看出洪承畴的个性，其洞察力不可谓不强。人们常说，细微之处泄天机。虽然对我们大多数人来说，并没有创立丰功伟绩的念头，但是掌控人心的确能让我们更好地处理人际关系。

从一个人坐着的姿势来看，只要是坐着，总是忍不住抖动双腿的人一般比较自私，占有欲很强，但有时也能提出一些很有建设性的意见；将左腿叠在右腿上、两手交叉放置大腿两侧的人，一般都很聪明，有很强的自信心，愿意尽自己的努力去行动，但他们往往朝秦暮楚，遇到好事就会得意忘形；将右腿叠放在左腿上、两手交叉放置大腿两侧的人，虽然表现出的样子是和蔼可亲的，但事实上性情冷漠；两腿两脚并拢，双手放置于膝盖上，这种人一般性格谦逊温和，虽然内向却有很多朋友，喜欢按部就班地做好工作，自律性高；两腿两脚并拢，两手交叉放置大腿两侧，这种人喜欢说多过于做，想象力丰富，却极少有耐心去完成自己的梦想；坐的时候喜欢两腿膝盖并在一起，同时叉开两脚的人，一般个性保守害羞，乐于帮助别人，人际关系一般也很不错；两腿分开，两脚跟并拢，两手交叠放在小腹的人，一般属于好战分子，有勇气有担当；坐的时候两腿分开较宽的距离，两手位置不定，一般这种人是有较好的人缘儿，好奇心强，但是为人处世难免会流于轻浮；坐的时候喜欢紧紧靠着椅背，姿势半躺，这种人一般成熟稳重，自制力强，口才出众。

从一个人走路的姿势来看，走路时喜欢靠着墙根走的人，一般缺少自信，为人谦虚，有内秀，但是内在的潜能必须要借助外力才能表现出来，所以，对待这种人，最好的办法就是表扬和肯定；走路不慌不忙的人一般行事稳重，属于比较务实的一种人；走路前倾的人一般温柔且谦逊，有修养，重感情；走路低着头的人，不是遇到了难题就是受到了打击；抬着下巴走路的人一般比较强势，也会有些傲慢；走路比较快的人一般个性比较开朗，做事有目标。

从一个人站立的姿势来看，站的时候不能挺直腰身、视线低于水平线的人一般胆小没自信，做事畏首畏尾，不敢承担；站的时候两脚与肩齐、抬头挺胸、两眼平视前方的人，一般做事有魄力，自信正直；站的时候双臂抱胸的人一般比较紧张，或者对周围怀有警惕，比较消极；喜欢双手插进口袋的人，除了天冷的原因之外，还可能是源于其爱挑剔的个性，有的则玩世不恭。

生活中我们还可以根据个人的小特点来察看他的心理。例如，一般方向感差的人依赖性比较强，动不动就喜欢找个镜子照来照去的人一般比较自恋，看见便宜货就忍不住走上前去买上几件的人一般缺少自制力，接电话总是避开他人的人疑心比较重。

以上我们所说，是针对人的下意识行为。如果一个人经过专门的训练，举止都是中规中矩，那么我们便不可以再通过他的身体姿势来判断其个性，而是通过他的言谈来判断其个性。

来自加利福尼亚大学的琳达·米克里斯特博士在其发表于1992年的《我希望这样说：让你远离麻烦并走向成功的沟通方式》论文中提到了六种沟通方式，极具代表性，获得了国际学界的一致认同。在这篇论文中，米克里斯特博士将人与人之间的沟通方式分为六种：贵族式、苏格拉底式、内省式、长官式、候选人式和议员式。根据不同的沟通风格采用不同的策略，就能将自己的麻烦降到最低，产生较好的沟通效果。贵族式的人喜欢有话直说，什么话都可以摆出来说，不太在意别人的看法，有时欠缺考虑；和人交流的时候，不喜欢拐弯抹角，喜欢直入主题。和贵族式人物沟通，就要坦率、直接道出重点，那些可能是他们无意说出来的话完全可以忽视掉。苏格拉底式的人在交谈的时候总喜欢摆出一堆问题，然后让对方跟着自己的思路去走，这种人有极强的说服力，更喜欢讨论和争论，所以和这种人打交道，耐挫力一定要强，因为他们总是可以从对方的言谈中挑出毛病。内省式的人一般更看重人际关系，说话也会看人下菜碟，喜欢且善于倾听，一般缺少威信。和这种人打交道，就要和其建立起感情上的联系，言语要委婉而不强势，充分考虑他的感受。长官式的人一般只喜欢说而不喜欢听，不喜欢一对一的交流方式，他关注细节，更关注结果。和这种人沟通，可以先奉承几句，然后将观点摆出，留足时间让他仔细分析，如果他觉得好，就会接受你的观点。候选人式的人热情随和，有耐心，词汇量丰富，喜欢通过交谈来解决问题。和这种人打交道，首先要好好听他们说，然后用事实论据来印证或反驳他的观点。议员式的人在六者之中是最智慧的，在交谈开始之前，他会视察环境和人，并有针对性地选择沟通方式，说时巧舌如簧，听时也很用心，很善于隐藏自己的真实意图。和这种人打交道要格外小心，不要轻易吐露自己的真实想法，要好好地观察他们，并审时度势，有针对性地沟通。

当然，看透一个人的个性心理并不是一蹴而就的事情，需要我们在生活中多多观察和分析，并有针对性地练习，这样才能真正成为一个可以把话说到人的心坎里的口才达人。

透视微表情，洞察人心方能一语中的

/
如果把人比作电脑，那么人的脸无疑就是显示器了，
言语可以伪装，人的面部表情却大多能显示一个人真实的想法。
通过人面部的表情观其内心，沟通便可以更加顺畅。
/

现代心理学家证实，人的心理动向是完全可以凭借面部表情来推断个大概的。

春秋战国时代，梁惠王即位，广招天下贤士，有客卿向他举荐了淳于髡。但是，梁惠王连续两次召见淳于髡，屏退左右之后，淳于髡却不说话。梁惠王很生气，向客卿抱怨："你对我说淳于髡有管仲、晏婴的才干，那么为什么我连续两次召见他，他都一言不发呢？"客卿把梁惠王的话转述给淳于髡。淳于髡说道："我第一次见梁惠王，他面有驰骋之色，一定是在想着驱马奔腾之事，所以我没有说话；第二次见梁惠王，他面有享乐之色，定然是想着声乐享乐之事，所以我也没有说话。"客卿将淳于髡的话转述给梁惠王，梁惠王听了，立刻惊叹道："淳于髡先生果然是高人啊，第一次见面的时候，正好有人送上一匹马，我还没来得及去看，所以心中一直惦记着；第二次见他的时

候，有人刚送上一名歌姬，我还没来得及去听，所以心中也在想着声乐之事。”

淳于髡从梁惠王的面部表情就能看出其心中所想，识人手段不可谓不高明了。或许我们不能像淳于髡一样看出别人心中所想，但是至少可以利用现代心理学知识，通过审视人的表情来推断一个人心中的真实想法，这对我们在聊天之中更有针对性地说话无疑是大有帮助的。

从表情看内心，除了我们平时所知道的那些喜怒哀乐所表现出的常见表情外，我们也应该读懂一个人的微表情。在现实中，也许有的时候人们因为要顾虑别人的感受，会尽量避免表露某种表情，但即便如此，我们依然可以通过面部的微表情来看一个人内心的情绪。

面部的表情70%由眼睛表现出来。我们看一个演员演戏，眼睛无疑是最考验演技的地方，因为眼睛大多是跟着人的内心活动而活动的，语言、动作很容易掩饰，但要掩饰一个人眼睛的表现不是一件容易的事。眼睛瞬间张大，大多是对方所说的话超出了他的预料；眼睛先向下看，之后又突然上翻，说明他已经将对方所说记在了心底。

当然，眼睛的表现大多展露在眼神上。曹操曾派刺客去刺杀刘备，诸葛亮便是从来人“视线低而闪烁不定”看出了他真正的目的。从眼神来看一个人的心理动向，可以称得上是一门很深的学问了。眼神沉稳的人，一般对你所说的事甚有把握；一个人面对你的问题眼神散乱，那么你再多说也无益，他是解决不了的；说话时眼神阴沉的人，一般都是想到了对付他人的办法；如果一个人眼神呆滞，那么他可能对即将面对的问题感到六神无主了；一个人在说话的时候眼珠转得很快，多数是心怀鬼胎，想着去整治他人。

面部表现是主体，但是同时也不能忽视一个人头部的小动作。在交谈中总是随着言语不时地摇头晃脑的人，一般自信心特别强，喜欢表现自己，有较强的进取心，但是因为太重视自己，所以人际关系一般会有所欠缺；在说话的时候总喜欢笑的人，要么是心情特别好，要么就是天性乐观、性格开朗，这种人人际关系一般都比较好，是知足常乐的一种人，他们很珍视亲情、友情和爱情，但是最大的缺点就是缺少进取心；在说话时面部表情丰富，即便是面对很多人也总是挤眉弄眼，这种人虽然比较高傲，却是处理人际关系的高手；说话的时候总是紧盯着对方却又不是源于对对方的喜爱，这种人一般比较强势，做事我行我素，喜欢表现自己，一旦认定目标就会全力以赴；说话的时候总喜欢抹嘴、捏鼻子的人一般世故圆滑，但缺少主见；说话的时候常常低头的人，一般为人比较谨慎，喜欢按部就班、脚踏实地地做事。

通过一个人的微表情与动作去看一个人内心的真实想法，便可以快速找出应对措施和解决方案，对我们在人际交往中少走弯路无疑会有很大帮助。当然，除了看书学习之外，还需要在生活中多多观察，不断累积经验，这样才能真正地成为一名识人高手。

第四章

遭遇分歧，化解争端有技巧

戏剧大师莎士比亚曾说：“你要想达到自己的目的，最好先掌握说话的技巧，然后用温和的态度与人交谈。”然而，我们天天都在说话，但并不见得个个都会说话。话说得好，小则可以欢乐，大则可以兴国；话说得不好，小则可以招怨，大则可以丧身。所以，话既要说好，也要说巧。

话说对了，事儿就解决了

/
发生纠纷，有人没理搅三分，也有人理直气更壮，
正是因为这些态度，造成了纠纷的进一步扩大。
有理不在声高，解决纠纷也要讲究技巧。
摸清人的心理，说对了话，事情就可以轻松解决。
/

大部分人在心平气和与人交往的时候都能保持良好的仪态和修养，但是在发生纠纷，尤其是感觉自己有理而对方则是在无理取闹的时候，就很难再保持自己的修养与风度了。而许多纠纷之所以会愈演愈烈，往往就是因为我们不肯说一些对的话。

一大早，乔治家的门铃便响了。乔治开门一看，是刚搬来半年的邻居。

“乔治，无论如何请不要把您家的垃圾放到我家门口！”邻居指着扔在他家门前的垃圾说。

“你到底是怎么回事？那可不是我扔的！”

“可是垃圾袋是你的，上次我们去超市买了同样的垃圾袋，不是我的，那一定就是你的！”

“简直是无理取闹！”乔治怒气冲冲地吼道。

这时，邻居家的孩子走出来，说道：“爸爸，垃圾是我丢出去的。”

“听见了吧！”乔治挥着拳头说，“再有下次我可不会有这么好的态度！”

邻居听了立刻不乐意了：“就算我弄错了，你也不需要用这样的态度吧？和你这样的人做邻居，我真是不走运！”

两个人为此大吵了一顿，之后再也没有说过话。

发生纠纷，什么样的话才是对的呢？看了上面的故事，相信很多人都会有自己的看法。的确，在受到委屈时为自己辩解，在冤屈昭雪时发泄愤怒，都是人之常情。但是，或许我们看来是理所应当的话到了别人的耳朵里便刺耳无比，当他心中的内疚渐渐因为你的话转变为愤怒时，一场更大的纠纷就不可避免地上演了。

我们时刻都在告诉自己要和气，要给人面子，但是一旦情绪上来，还是忍不住出言不逊。因言语而使得纠纷进一步严重化的事情每天都在发生，尤其是在家庭中，一家人因为太不注意说话方式，气话、狠话脱口而出，会导致矛盾激化甚至家庭破裂。

格林太太很生气地对朋友说：“我无论如何都得和我丈夫离婚，他简直是个伪君子，恋爱时对我言听计从，现在动不动就和我大肆争吵。”

朋友对格林先生也有所了解，觉得他并不像格林太太说的那样是个没有风度的人，于是便对她建议道："这样的男人，的确是应该和他离婚，不过呢，如果你在这时候和他离婚，他是不会感受到痛苦的，甚至还可能会为自己恢复单身而高兴。所以，在接下来的两个月，你就要对他好，尽可能恭维他，即便真有矛盾，也变着法子让他主动听你的话，等到他再次爱上你时，你再狠狠地甩掉他，他一定会感受到深深的痛苦。"

格林太太觉得这个主意不错，她回到家就立刻着手实施起来。两个月之后，这个朋友再次见到格林太太，问她离婚的事情怎么样了。格林太太却笑眯眯地说，她已经不打算和格林先生离婚了，因为在她改变自己的说话方式之后，格林先生又重新变回了原先那个文质彬彬的模样。

其实，人与人之间之所以会发生那么多的矛盾，有一个很关键的因素就在于其中的一方或者双方说话的方式不正确，太过直接或者以为自己有理便出言不逊。

中国人最讲究面子，对待一个让自己没面子的人，即便自己真的是理屈的一方，也是断然不肯认错的，甚至还会由此发作起来，把对方也弄得没面子。

中国人讲究和气，得理不饶人者或许可以一时占得先机，但是即便不会引发更大的矛盾，也终究会在双方的心里结下一个疙瘩。这个世界上，很多人都是吃软不吃硬，发生纠纷的时候不要被愤怒掩埋了理智，要顺着他的脾气、禀性去说，即便自己真的有理，也要和气当先，给对方留下足够的回旋余地。

无论与我们发生纠纷的是陌生人、同事、邻居，还是妻子、丈夫、父母，都要注意自己说话的语气，别得了理就不饶人，即便是在争吵中，也应该给他人留下说话的机会。适当的时候说一些“你说的也有些道理，不过我还是觉得……”“你再仔细想想，是不是……”在肯定对方的同时，说出自己的观点，并在言语间对对方给予适当的恭维，这样气氛就会慢慢缓和下来，谈话也就可以如平常一样展开。俗话说，不打不相识，面对纠纷好好说，或许可以成就另一段好的友谊。

别做无谓的争辩

/
一个人太较真儿，遇事总要与人一分高下，争个你死我活，
结果往往是使得双方更为坚持自己的意见，
而且即便是一方勉强在口头上占了上风，也会因此失去别人的好感。
无关紧要的事情，就不要争辩，或退步或缄默，如此方为上上策。
/

无论是为了维护荣誉、面子，还是为真理、为获得认可，我们总是难免要与人发生为某个问题争辩。“公说公有理，婆说婆有理”，这样的事情每天都在我们的生活中上演。尽管我们不是专业的辩论队选手，但是我们愿意具有比专业选手更专业的精神，一旦争论起来，不争个面红耳赤，不击垮别人，那就绝对不会善罢甘休，即便有一方表面上占了上风，另一方依然会坚持己见。

争论的结果会怎样呢？第一，你胜利了，无论是通过事实论据还是理论论据，你把对方驳斥得哑口无言，你为胜利而雀跃。但是，你会因此失去对方的好感，他定然愤愤于你的不肯给予颜面，也可能会因此而对你这个人产生强烈的反感。第二，尽管你费尽了口舌，最后却落了下风，看着对方得意扬扬的样子，你如鲠在喉，那种颜面扫地的感觉让你

一整天都没了好心情。第三，你和他旗鼓相当，难分胜负，最后导致的结果就是你们各持己见，谁也说服不了谁，你们感受到与对方志不同道不合，不如就此分道扬镳。无论争辩的结果是哪一种，你都不能称为是一名胜利者。一个真正的胜利者，应该尽全力避免争论的发生，以一颗包容的心去容许他人保留自己的观点。一个总是试图改变他人的人注定在人际关系上会糟糕，而一个懂得包容并认可不同观念的人，大多不但会收获好感，还能获得切实的利益。

推销员艾丽无疑是个漂亮的女孩，她刚刚来到公司，就受到了所有人的欢迎。艾丽还是个热心肠，她总是很乐意帮助同事做事。可一个月过去后，办公室里的人对她的态度都冷淡了起来，更糟的是，整整一个月，伶牙俐齿的艾丽的业务成交量居然是零。艾丽很是苦恼，向一个朋友说出了自己的困扰。在交谈中，朋友发现艾丽有一个很不好的习惯，那就是只要自己说了什么话是艾丽不认同的，她就绝对不会让他再有机会说下去。

“听我说，艾丽！”朋友终于忍不住打断艾丽的喋喋不休，“我相信你到这里来，不是为了和我争辩，也不是对我诉苦，而是为了解决你工作上的问题，是吗？”艾丽下意识地想去反驳，但是仔细想了想，又闭上了嘴巴。

朋友接着说：“无论你多么优秀，但只要爱争论的缺点改不掉，那么什么时候你都不会成为受欢迎的那一个！所以，无论是你希望朋友能回到身边，还是业绩大幅提升，都应该首先学会认同他人，克制自己反驳的欲望……”

艾丽听了朋友的话，回到公司之后，再也不对同事们评头论足，更不会为了是贝克汉姆帅还是莱昂纳多帅与同事争辩个没完，当然对待客户也是一样。一个客户指出某名牌的产品比艾丽推销的产品要好很多，艾丽也没有立刻跳出来反驳，她只是点点头，对客户所说的产品夸赞了一番，然后又指出自己所推荐的品牌与之相比有哪些出色的特点。如此一来，艾丽不但重新找回了办公室里的好人缘儿，还成了公司新人中的销售冠军。的确，很多年轻人在刚刚走入社会的时候都会有这样的一个阶段，总希望自己的看法被他人认同。如果别人不肯认同他们的观点，他们就会与对方发起一场争辩。而事实上，正如一位名人所说：“通过争辩永远不可能让无知的人心悦诚服。”一个人无论多有才华，都不可能仅仅依靠争辩去让另一个人改变他的观点。

拿破仑曾经对他的仆人说，他与妻子约瑟芬打桌球之所以每次都会输，是因为只要自己输了，约瑟芬就会开怀大笑，妻子高兴，他就会高兴起来。想要让身边的人高兴，在无关紧要的事情上输一次又能怎样?

为批评加上糖衣吧

/
批评是生活中的一部分，
无论对方是晚辈、下属，还是长辈、上司，都要注意批评的方式，
必要的时候为批评加上糖衣，让忠言不再逆耳，
最后的结果才能让双方满意。
/

你喜欢被人批评吗？这个问题大多数人会给予否定的答案。是的，没有人喜欢批评，因为批评可能就代表着被否定，代表着自己的无能，甚至代表着面子的缺失。因此，没有人愿意被另一个人批评。所以，在非必要的时候，我们不要批评他人。但是，生活工作中的种种不如意又使得我们不能不去批评他人，那么，怎样批评才能既不伤别人的面子，又能让人心悦诚服地接受呢？

很多曾经受到批评的人都有这样的体会，当一个人对我们进行批评的时候，除了最开始的几句话之外，我们的心思都是放在如何反驳这种批评或者怎样为自己辩护上，所以批评也没什么效果。很多做父母的都有这样的经历，无论自己怎样说，孩子都不肯听。原因很简单，因为孩子和成年人一样，本能地想要对家长的指责产生抵触，他们不肯听家

长把话说完，不是蛮横地打断家长的话语就是根本不听他们说。很多人都会由此产生困惑，尤其是那些明明怀着一番善意去批评他人的人，他们不明白，为什么自己的一番好心被当作了驴肝肺！其实，原因很简单，因为批评的方式用错了。中国人常说“良药苦口利于病，忠言逆耳利于行”，或许这是一种事实，但是，逆耳忠言和治病苦药一样，人在接受的时候都是痛苦的。批评的目的在于让对方接受教训，以后再不犯错。动机决定行为，既然我们明确了批评的目的，那么接下来的事情就是研究如何批评，什么样的批评方式能让对方乐意去接受，甚至让批评发挥比表扬更大的作用。在这里，我们就要提一下心理学上著名的南风效应。

南风与北风比赛，看谁能把行人身上的衣服脱掉。北风对着行人拼命地吹，凄厉的北风吹得行人瑟瑟发抖，行人为了获得温暖，只好将身上的衣服裹得紧紧的。接着是南风上场，它把和煦的风缓缓地吹向行人，很快，行人的身上就暖和起来，他们脱掉了身上的大衣，因为穿着太热。故事很简单，但是寓意很深刻，后来，人们把这个故事总结为南风效应。南风效应主要应用于管理上，也同样适用于批评。在不得不对他人展开批评的时候，我们应该要像南风一样，用温和的方式让对方乐于去接受，而不是像北风那样采用直接、严厉的方式，那样只能让人心中的抵触情绪更加强烈。

对他人展开批评，首先就要明了自己的目的，站在对方的立场上去体谅他人，在不伤害他人的情况下敦促他进步。这时候，最好的办法就是让自己的话动听起来，就像为苦药的外面裹上一层糖衣一样，在不导致别人反感、不伤害他人自尊的情况下达到批评的目的。

罗西先生的办公室新来了一位女职员，她在工作上很有一套自己的方法，做事雷厉风行，但是在接触到一些细致的工作时，就经常犯错误。对此，罗西先生忍不住要批评她，但是转念一想，二十几岁的女孩刚刚参加工作，犯些错误也是难免的。这样想着他的心情便平复了很多。可很快女孩又犯了一次错误，罗西忍不住要发火了，但是看着女孩那窘迫慌张的样子，他便做了个深呼吸，让自己冷静下来，对女孩说道："你现在这个年纪，做错一些事情也是难免的，我像你这个年纪的时候，明显没你做得好，不过呢，我每次做错了事情都会记下来，不会再犯第二次，慢慢地在事业上也算有点儿成绩了。我相信你这么聪明的女孩子，到了我这个年纪，一定会比我做得好。"女职员听了罗西的话，立刻深深地点点头，从那之后工作细心了很多。罗西先生用自己的例子为批评的话裹上一层糖衣，让女孩乐于倾听，自然更愿意改正。这种批评的方式不可谓不高明了。

其实，大多数人对于自己犯下的错误都会有一个清醒的认识，心中也会存有几分愧疚。如果在对方足以认识到他的错误的时候，我们还是不停地对他的错误进行攻击，那么势必会让他从心理上产生反感和厌恶，叛逆的心理可能还会使他一错再错。所以批评下属的时候，我们可以轻描淡写，在批评中夹杂着鼓励，让对方既接受了意见，认识了错误，又不至于心生不满。对待上司或者其他地位、辈分比较高的人，批评的时候就更要注意方式，让他高高兴兴地接受。比如，对待一位总是放纵手下的高管，我们可以说："你这个人就是心善，总想着给人留面子，不舍得批评手下的人，所以他们才那么活跃。"奉承话下面掩盖着的真正意思是你应该好好管教下面的人了。这种半奉承的批评方式最适合在长辈或者上司那里使用，这样能让他们比较乐意接受你的批评。我们在上面所说，是有准备的时候去批评对方，但是有些时候，发生了一些让我们忍无可忍的事情，导致我们直接发火，事后又觉得自己说的话有些过头，可能会伤害对方的感情，这时候又该怎么办呢?

过头的话已经说出，就像已经喂人吃下了满口的苦药，最好的解决办法就是给点儿糖吃。给批评加点儿糖，就像我们平时所说的"打一巴掌，给个甜枣"，批评使人受到伤害之后，待平静过来，应该立刻向对方道歉，"对不起，我刚刚太冲动了，希望你能原谅，我最近压力很大……"或者立刻去表扬他另一件做得很好的事情，这些都是可以将对他人的伤害降低的方式。当然，具体应用到每个人，还需要我们多学习和总结，如此方能快速成为一名善于批评的高手。

错了就承认，别因面子伤了自己

/
真诚而及时地道歉，对于自己犯下的错误果断承认，
不仅可以将伤害降低到最小，还可以在他人心中留下敢于承担的印象，
这丝毫不会有损于自己的面子。
/

对于大多数人来说，承认自己的错误并向人道歉无疑是一件没面子的事情。最令人觉得烦心的是，自己失了面子，以后还可能会被别人揪出曾经犯下的错误，为以后的生活和工作增加了危机。这种担忧不是没有道理，但是如果不肯承认自己的错误，更不肯因为自己的错误向当事人道歉，那么由此对他人造成的伤害可能会更加严重，当然最终受到损失的也会是自己。

20世纪末期，有欧洲消费者反映在饮用可口可乐之后，身体出现不适。对此，时任可口可乐公司运营总监的艾维斯做出的反应是矢口否认。当然，他的动机是可以理解的，因为一旦承认，势必会对可口可乐公司的声誉造成很不好的影响。可正是因为他的这种态度，让消费者愈发愤怒。直到事态进一步严重，欧洲一些国家对可口可乐公司的产品设禁，艾维斯这才站出来道歉，但可口可乐公司的董事们依然以高票数让

艾维斯下了台，原因就在于艾维斯原本在事情刚刚发生的时候，就可以通过道歉和补救行动让消费者满意，并且在之后他还一直消极地对待消费者的投诉，虽然他最终道歉了，但是他迟到的道歉并没能让可口可乐公司挽回损失。

为什么人们尤其是那些有一定身份和地位的人不肯轻易道歉呢？事实上，除了担心失去面子之外，他们更多的是担心因为自己的道歉行为会遭受比不道歉更大的损失。从概率上来讲，在事情发生之后主动承认错误并积极地面对，这样所造成的损失不会太严重，甚至还可能会因为勇于道歉而给他人留下敢于承担的好印象。哈佛大学教授凯勒曼曾经为人们总结出在道歉前的五个应该思考的问题，它们是：判断自己究竟是不是做错了；错在哪里，所犯的错误严重程度如何；评估道歉后可能产生的后果；评估不道歉可能产生的后果；思考道歉的策略，争取让自己的道歉发挥最大效益，将损失降到最低。由此做出分析，真诚果断地对人道歉，不敷衍，不找借口，这才能使事态不进一步恶化。当然，我们以上所说，主要是针对那些决策层在某些重大事故之后所应采取的道歉策略。同样，在日常生活中我们做错了事情或者伤害了别人，也可以思考一下以上的五个问题。

无论是有意还是无意，只要我们做错了事情，都应该及时给予道歉，还要注意在道歉的时候态度一定要谦恭而真诚，言语要简洁，例如通过“对不起，是我的疏忽”“请原谅，我保证不会有下次”这些简单的话语，很自然地表达出自己的歉意，不但不会让人失了面子，还更能彰显一个人的品格，让由此造成的损害降到最低。道歉除了要有诚恳的态度之外，还要敢于担当，应该由自己承担的责任坚决不推诿，更不找借口为自己辩解。关于道歉的五个要素，心理学家将其总结为：敢于承认，不找借口；对由自己的过错造成的后果勇于承担；对对方表示遗憾，认同他的情绪；保证绝不再犯并尽可能给出补救措施；选对道歉的时机。那么道歉的时机又是怎么回事呢？

道歉也有有效期，在有效期内道歉，才能让人感受到真诚，也才能起到应有的效果。根据心理学的观点，道歉应该在犯下错误的十分钟后的两天内发生，如果犯错之后立即道歉，可能会让人难以感受到真诚，而如果把时间拖长，那么就可能没办法再改变对方心目中形成的固有印象。

真诚的道歉无疑会让对方有被重视、被尊重的感觉，而这种感觉势必会缓解他心中的愤怒。所以，当错误已经发生，与其等待批评或者为自己辩解，不如主动承认自己的错误并真诚地道歉。

按部就班去说服，就能得偿所愿

/
命令是以权势优势来迫使他人按照自己的要求去做，
而说服则可以令他人心甘情愿地主动去完成事主交代的事情。
二者相比，当然说服更胜一筹。尤其是在我们没有权利去要求别人做某些事的时候，
说服就成了一种必然的选择。
/

说服就是用言语使对方接受你的建议。无论是在生活还是工作中，总有些人需要我们去说服。无论对方是我们的长辈、上司、同事，还是晚辈、下属、陌生人，甚至是一个敌对分子，巧妙地以言语说服他，无疑会对我们在实现目的的同时又不得罪对方大有助益。但是，人人都是一个独立的个体，想要让对方心悦诚服地接受你的建议，并不是简单的事情。善于说服他人者总有一套属于自己的策略，只要按部就班地去做，你也能轻轻松松地说服他人。

说服他人，首先要明确一个态度上的前提，无论对方是你的长辈还是晚辈，上司还是下属，都要注意态度谦恭有礼，不可盛气凌人，更不能去命令他人，要为别人保留面子。这样他才会心甘情愿地接受你的建议。

有了良好的态度，接下来就要寻找一个合适的场合。英国心理学家泰勒尔曾经做过一个实验，他们随机找出一批大学生，将他们分成三人一组，每组成员的说服力都是有强有弱，让每组同学各自对一项议案进行讨论表决。这些小组讨论，有一半是在说服力最强的同学寝室里展开，另一半是在说服力最弱的同学寝室展开。结果显示，在那些说服力最弱的同学寝室里举行的讨论，即便其他人有很强的说服力，大多数依然会选择屈从于寝室主人。这个结果显示，在别人的地盘里，大多数人都会选择接受主人的说服。所以，如果想让我们的说服效果增强，就要选择一个对自己有利的地点，比如自己的家、自己的办公室，这样在气势上已经胜出了一筹。当然，地理上的优势具备之后，我们还要对自己进行包装。说服者自身的包装可以是地位上的，也可以是外表上的。如果职位或者辈分比他人要高，那自不必说，如果没有这种优势，那么就要靠仪表来包装。毫无疑问，和一个衣衫不整的人相比，人们更愿意接受一个衣着得体、仪表堂堂的人的建议。

外部因素准备充分，接下来就是说服的技巧。司马迁在《史记·货殖列传》中说：“天下熙熙，皆为利来，天下攘攘，皆为利往。”人天生就喜欢追逐利益，想要说服别人，就一定要把利益摆出来。你的建议能给对方多少好处，能让对方有什么收获，都应该在言语之间表明出来，这样对方便可以权衡利弊，只要利益足够，那么他自然会愿意听从你的意见。

球王贝利很喜欢踢足球，他在年纪很小的时候就进了足球队，并取得了不错的成绩。有一次比赛结束之后，球队里的几个队友都点着了烟，这时候贝利也忍不住向队友要了一支吸了起来。恰巧在这时候，贝利的父亲来探望他，刚好看到了贝利抽烟的一幕。晚上回到家，父亲把贝利叫到跟前，对他说："今天你抽烟了，是吗？"

贝利低着头说："是的。"

父亲叹了口气，在地上踱了几圈，说道："孩子，我知道你很喜欢踢足球，在这方面也很有天赋，如果好好踢球，将来应该会有些出息，不必再像爸爸这样整日为吃饱饭而辛苦。但是，现在你抽烟了，或许只是第一次，可有第一次就会有第二次、第三次，你染上了烟瘾，再也戒不掉。孩子，你必须知道，一个好的运动员，首先要有一个好身体，而抽烟只会让你的身体变差，到时候你想好好踢球，想进最好的球队，就没有可能了。作为父亲，我的职责就是引导你向好的方向去努力，但是最终决定你未来发展的，还是你自己。现在，你面临两个选择，一个是继续抽烟，让自己的身体变坏；另一个就是以后再不抽烟，成为一名优秀的运动员。"说到这里，父亲拿出一些钱，放在贝利面前，说道："如果你不想做一名出色的运动员，那么就拿这些钱买烟抽吧！"说完这些，父亲就走了出去。

贝利看着父亲的背影哭了起来，许久之后，他拿起钱，跑到了父亲的房间，坚定地说："爸爸，钱还给你，我以后再也不抽烟了，我要做一名出色的足球运动员！”

后来的贝利也的确靠着他强壮的身体、良好的习惯和精湛的球技成为世界首屈一指的足球运动员，创造了令很多人难以望其项背的出色成绩，而这一切，和他父亲的引导是脱不开关系的。贝利的父亲在说服贝利的时候，一直以一种平和而尊重的态度和他说话，将他抽烟的坏处和戒烟的好处摆出来说，喜欢踢足球的贝利自然会选择足球。从某种意义上说，以利益来引导别人接受自己的意见无疑是很高明的。当然，如果利益不够多，或者吸引力不够强，那么给对方多一个选择也是聪明的。

亨利是一家公司的中层管理人员，有一次，他的一位下属因为母亲生病住院而经常迟到，还曾因此犯下一个大错，惊动了上层领导。亨利心想，最好的办法莫过于将这名下属调去比较清闲的岗位，当然，薪资水平也会有所下降，这一定会引起他的不满，他得想个更好的办法。于是在第二天，亨利对这名员工说："前两天那件事让领导很生气，以你的情况，总这样忙也难免出错，我想，最好的办法就是给你换个轻松点儿的岗位。现在公司有两个职位空缺，一个是西区新公司缺一名仓库管理员，一个是我们这边的行政助理，我权衡了一下，建议你还是留在这边做行政助理，工作相对轻松自由，薪水也比仓库管理员高，更重要的是探望你母亲比较方便，你觉得呢？”听了这番话，下属不但没有因薪水减少而恼怒，还很自然地接受了亨利的建议，他甚至对亨利说了声“谢谢”。的确，在面对一项抉择的时候，人很容易产生比较心理。如果将一个差的和一个更差的放在一起让人选，大多数人都会选择相对好一点儿的。所以，在说服他人的时候，给他人留下选择权也是很重要的，至少你要给他一种你很尊重他的感觉，也让他明白，既然是他自己做出的选择，那么他就得一力承当。

如果是试图说服某人去做一件事，那么一定不能让对方觉得这件事很难，最好能将之分成几步，轻描淡写地摆出思路，淡化困难。每个人都有畏难心理，这样做是很有必要的。有一次，卡耐基去他的朋友托马斯家参加周末聚会。在聚会中，托马斯夫妇邀请卡耐基去玩桥牌，对卡耐基来说，这可是个很难的东西，他不愿意参加。托马斯便说道："戴尔，不要这样，其实桥牌是很简单的，只要你记住几个简单的规则，然后根据规则进行判断就行了，你连关于如何记忆的文章都写过，记忆这几个小规则对你来说绝对是小菜一碟！"就这样，卡耐基很自然地坐了下来，和托马斯夫妇玩起了桥牌。

说服他人看上去很难，但是实际上只要多动脑筋，多研究，自然就能掌握诀窍。按部就班地去做，你也能成为一名善于说服他人的高手。

拒绝请求要“拒”而不“绝”

/
面对他人的请求，如果我们力有不逮，
最好的办法就是把话说得委婉一些，给人留面子，让人下得了台，
这样不得罪他人又能保全自己。
拒事不拒人，可以“拒”，但不能“绝”，话说得太绝，势必会影响人际关系。
/

在生活中，我们总是会遇到这样的情况：朋友、亲戚、同学、同事甚至素不相识的人会向我们提出一些这样或者那样的请求——借钱、求出力、求出头。这些请求让原本就很苦恼的我们更是增加了些许烦恼，我们很想大吼一声“别烦我”或者“不行”，但是因为担心伤了和气、伤了面子，担心给他人留下没本事的印象，我们总是不肯说出拒绝的话。这样的结果只有两个：一个是你费了九牛二虎之力，牺牲了自己的时间和精力，帮了他的忙；另一个就是事情没办成，对方还抱怨你浪费了他的时间。最令人懊恼的是，即便你帮了他的忙，他也没有对你表示出应有的谢意。你借了钱给他应急，但是钱借出去就打了水漂。面对请求，究竟是帮还是不帮？生活中的我们就这样经常挣扎于这两个问题之间，不是伤了自己就是伤了他人。

若对方真的遇到了难处，而恰好我们仅仅举手之劳便可助人渡过难关，那么就不妨助人一把。但如果对方只是习惯性地请人帮忙，只为自己轻松快活，那么在其初次求助于我们的时候，就要予以坚定的拒绝，否则以后还会有麻烦。如果对方所求之事超出了我们的能力范围，或者违反了法纪、个人原则，那就一定不能答应。那么如何才能既拒绝他人，又不至于伤彼此的情谊呢？最好的办法就是将话说得委婉又不伤双方的面子了。拒绝他人时，有些事情千万不能做。当别人刚说出一个请求，你就立刻拒绝，那无疑会让对方觉得没面子。即便是拒绝，也应该表现得谦恭有礼。请人帮忙者大多在态度上是谦恭有礼的，老话说“抬手不打笑脸人”，我们傲慢的态度只能让人更受伤害。

乔治刚刚走出办公室，就“恰巧”遇到了自己的老同学威廉。“嘿，乔治，下班了？今晚一起吃顿饭吧！我太太生日，她也很久没见你了。”威廉很热情地说。“哦，是吗？”乔治当然知道威廉的用意，他就是想借着晚餐谈合作，从自己的手中得到那项工程，这种请求一定不能答应，于是乔治笑着说：“我真的很想亲口对你太太说声‘生日快乐’，但是——唉，我刚约了家人去听音乐会，如果不去，我太太一定很生气，要不你代我对她说声‘生日快乐’吧！谢谢你了！”

威廉很遗憾地耸耸肩，说道：“好吧，不过这包茶叶你可不能拒绝，是我朋友从中国带来的呢！”威廉把装茶叶的袋子递到乔治的手中，就开车离开了。乔治暗暗苦笑，打开袋子一看，里面果然装了一沓钱，看样子起码有5000美金。乔治正在为怎么归还这笔钱而苦恼，突然看到另一个同学，于是他立刻对同学说："能看到你太好了，我前段时间向威廉借了5000元，本来打算还给他的，结果家里突然有事要马上赶回去，你能帮我把这笔钱交给威廉吗？"

同学点点头，接过袋子正准备走，乔治又说："对了，麻烦你告诉威廉，让他把设计图做得简洁一些。"

从这件事情里，我们就能看出乔治在拒绝朋友时的手段不可谓不高明了。在对方提出一起吃饭的时候，他很快找到了一个"和家人听音乐会"的托词。之后想要拒绝对方的贿赂，也很自然地借用他人的口和手巧妙地将钱还给了对方。当然，乔治最高明的地方就是做到了"拒而不绝"，在拒绝了威廉之后，又给予了一个很关键的点拨——把设计图做得简洁一些，这样又等于帮了威廉一个小忙。

具体到拒绝的策略，每个人都有自己的一套办法，可以让人明白你的确有不得已的苦衷，也可以找合理的托词，或者在拒绝了一个请求的同时给他另一方面的帮助。无论过程如何，要保证在拒绝的时候不能太过直接，语气委婉才能保全大家的面子。

赞美和鼓励比批评更有效

/

每个人都渴望得到别人的认可和尊重。
赞美下属，多对下属给予肯定性评价，
不仅可以满足下属对荣誉感和成就感的追求，
还可以活跃上下级谈话时的气氛，沟通上下级之间的感情。

/

肯定性评价是对一个人工作、能力、才干及其他积极因素的肯定。无论是赞美还是表扬，都可以使下属在精神上受到鼓舞。因此，哪怕是下属取得了小小的成绩，领导都要及时表扬，给予肯定性的评价。

洛克是某大型公司的一名清洁工，负责全公司的保洁工作。

一天下午下班后，洛克像往常一样开始打扫卫生，当他来到17层的时候，发现一个人鬼鬼祟祟地潜入了公司的财务室。他悄悄跟在那人后边，一把抓住了他的胳膊，想把他送到保安处。谁料想，那人拿出一把刀子刺向了洛克的胳膊，洛克疼痛难耐，只得松手。小偷仓皇逃跑，洛克边喊边追，追到一楼时和保安一起把小偷给制伏了。

清洁工是公司微不足道的角色，但就是这样一个人，在公司险些被窃时与小偷进行殊死搏斗，为公司挽回了重大的损失。

事后，公司为洛克举行表彰大会，主持人问他为什么有那么大的勇气，洛克说：“总经理吉森从我身旁经过时，总会赞美我‘你扫的地真干净’，这让我觉得自己对公司很重要，所以我愿意为公司做任何事。”

肯定性评价就像温暖人心的阳光，激励人上进。吉森肯定洛克的工作做得好，使得洛克更加全心全意为公司服务，为保护公司的财产竭尽所能。

管理中难免会有批评，领导批评下属一定要口下留情，在下属工作出现失误时，千万不要一棒子打死，而是要从鼓励的角度出发进行批评，帮助其改正错误，获得进步。

小王上班经常迟到，李总看在眼里却没有说什么。一次，小王来得很早，恰好在电梯口碰到李总。李总对小王说：“来得很早啊，公司的员工都像你这样就好了！”李总的表扬让小王心情大好。

为了对得起李总的表扬，小王改掉了睡懒觉的习惯，从此再也没有迟到过。

不要拒绝表扬有缺点的下属，有缺点的人更需要表扬。表扬是一种力量，它可以促进下属弥补不足、改正错误，而领导的冷淡和漠视则会使这些人失去前进的动力，不利于问题的解决。

米拉在一家公司的宣传部门工作。

米拉最佩服的人是经理查理。查理平易近人，最会夸奖下属，令下属心情舒畅，不仅极大地提高了工作效率，还建立了融洽的上下级关系。

一次，米拉拿了一份网页设计图给查理看。查理看完后连连称赞：“米拉，你真不愧为咱公司的金牌设计师，设计出的网页新颖、独特，整体效果很好。另外，我们一起来看一下，若试着把色彩调亮些，效果会不会更好呢？”

米拉听了查理的赞许，觉得自己很厉害，非常开心，对查理的建议也很乐意尝试。于是米拉当天连夜加班，做出了更完美的设计图。

肯定性评价是激励下属奋发图强的兴奋剂。在表扬有缺点的下属时，也要做到公正，不能因为他们有缺点就看不到他们的成绩。哪怕下属只是有了小小的进步，也不要忘记表达你的赞扬和认可。

领导对下属多一些肯定性评价，满足下属的成就感，就能巧妙博得下属的心，使得下属全心全意地为工作付出。

说话也有好时机

/

选择恰当的时机和场合说话，无疑会对增强语言效果，
获得他人好感，得偿所愿都是有所助益的。
真正的口才高手绝不会只顾自己的感受而忽视他人的感觉。

/

中国人做事最讲究的是天时、地利、人和，这样才能加大成功的砝码，提高成功的概率。其实说话也是一样，找对时机，选对场合，有针对性地说话，言语就更能打动人心。

曾有一段时间，森林里鸟与兽之间战争不断，崇尚安宁的蝙蝠自然也难逃战争之苦。为了让自己免受伤害，蝙蝠每次都很巧妙地躲过了劫难。

兽类一方在战争中占了优势，蝙蝠立刻飞到兽类那边，它对兽王说："大王，我们并肩作战，一定能够打败鸟类！"

兽王看到它的翅膀，立刻大叫："你自己就是鸟类，肯定是来做奸细的，快把它抓起来。"

蝙蝠很镇静地说："大王，我可不是鸟类，您找最有学问的来问问，我虽然有翅膀，却是不折不扣的兽类呢！而且您看我长得多像老鼠

啊，再说了，我有可以巡视敌情的雷达系统，在战争中也许能帮上您的大忙呢！”

兽王觉得言之有理，便将蝙蝠留在了身边。

后来鸟类一方在战争中占了优势，蝙蝠立刻又去投奔鸟类。鸟王气呼呼地说：“你不是兽类吗？到我们这边做什么？”

蝙蝠笑着说：“您快别开玩笑了，我身上长着翅膀，怎么会是兽类呢？”之后蝙蝠又侃侃而谈，说得鸟王不住地点头，就这样，蝙蝠又站到了鸟类的队伍中。

或许有人会说蝙蝠圆滑不诚，但是趋利避害又何尝不是人类的一种本能？在不同的情势下，面对不同的人，就要说不同的话，这是大多数人都会下意识地去做的事情。

在说话方面，我们所说的天时，指的是场合的重要性。说话要看场合，毫无疑问，即便是同样的一句话，放在不同的场合去说，效果也是不同的。在比较严肃的场合，我们说话也要庄重一些；在比较轻松的场合，我们说话也可以随意一些。在前文中，我们曾经说过说服他人可以选择在“我的地盘”进行，这样首先就让自己有一种心理上的优势，可以减少说服的难度。但是，如果我们的目的不是说服而是劝慰，那么就要在“他的地盘”进行，这样就可以让对方放松下来，气氛变得活跃，大家也更容易把话说开。

说话的地利，可以说就是聊天者的心情了。《三国演义》中有个故事是这样的：曹操刺杀董卓失败，遭到通缉追杀，紧急时刻他逃到父亲的好友吕伯奢的家里。正惊魂未定的时候，曹操听到有人说："先捆起来，再杀掉，怎么样？"曹操以为吕家人想要杀掉自己，便先发制人，将吕家人都杀了。直到在厨房发现一头被捆住的猪，他才明白自己杀错了人，原来吕家是想杀了这头猪来款待自己。之所以会发生这场误杀的惨剧，关键就在于当时曹操的心情是恐慌的，所以吕家人习以为常的说话方式在曹操的耳中便有了别的意思。所以，在人际交往中，我们除了要注意自己说话的方式之外，还要留意对方的心情。

同样的一件事，在对方高兴的时候和他说，他可能会很乐意去听你说话；如果他心情不好，工作正忙，你再去找他说，那么效果就会大打折扣，甚至会导致不愉快的事情发生。当然，这并不指在不恰当的时候就不能和人说话了。如果对方正忙，你可以过去看看有没有什么可以帮忙的，在帮忙中慢慢引入话题。如果对方正因为一件事情而悲伤，你也可以先对他劝慰一番，待其情绪好转之后再带入话题。如果两个人在开始的时候没有什么交情，或者完全是陌生人，那么就应该先寒暄几句，再引导对方说一些他感到骄傲或欣喜的事情，这样关系就会慢慢地熟络起来，再引入正题，别人就乐于去听你说了。

所谓人和，就是看人，看对方的喜好，看对方的个性。一般来说，和一个中年女性说话，最稳妥的就是从孩子的教育说起；和专业人士说话，就试着向他请教一些专业的知识；和年轻女孩说话，最保险的就是探讨一些着装扮靓的技巧。人都是以自我为重的，从对方的喜好入手，自然就能让他们放松下来，乐于和你交谈。当然，在采用何种说话方式的时候，也应该具体情况具体分析。如果对方是一个言语流利、说话条理清晰、看上去很亲切的人，那么我们也应该采用类似的说话方式，轻松而不失委婉地与之展开交谈；如果对方说话爽快，直来直去，那么在说话的时候我们就应该尽量少拐弯抹角；如果对方说话时喜欢旁征博引，看事物的眼光也富有远见，那么我们在说话的时候也应该注意雕饰言语，多附和少争辩；如果对方说话语言浅白质朴，多是经验之谈，那么我们应对的时候也应该态度诚恳，多多请教。

如果说话的天时、地利、人和我们都能掌控，那么我们在人际交往中就能少走弯路，说话做事尽如人意，这样才能让更多的人喜欢我们。

切莫论人长短，背后赞扬得人心

/
背后不说人是很多人都知道的人际交往规则。
但是，更高明的人往往把背后说人变成一种巧妙的恭维，
在故作无意间恭维了对方，也抬高了自己。
当面恭维也许会让人怀疑你的用心，但是背后赞扬往往会收获奇效。
/

中国人很热衷于交流，这一点和一向直来直往的外国人有很大不同。中国人讲究先交朋友后谈生意，聊天自然是促进感情、扩充交际圈的最好手段。

聊天有一个众所皆知的禁忌，那就是在别人背后说长道短。因为世上没有不透风的墙，只要说出去的话，就总有传到别人耳朵里的一天，这无疑是在为自己摆下一块绊脚石。再说，即便是在传播是非的当时，听者也会对你产生一种不良印象。既然大家都知道这个道理，那么为什么还是会有人不断地传播是非呢?

原因再简单不过，因为在传播是非的过程中，人们可以获得一种心理上的满足。在述说他人是非的时候，大多数人会有一种心理上的优越感，因为这个秘密是他所独有的，而听者专注又好奇的眼神无疑又会让

他获得一种满足感，加上对大多数人来说，倾诉本身就是一件快事，所以尽管很多人都知道说人是非是要冒着一定风险的，但依然控制不住说的欲望。

对于说人是非者来说，倾诉或许可以让他得到心理上的快感，但是对倾听者而言完全是另一回事。或许说人者觉得倾听者是好奇而专注的，可也许倾听者在得知秘密之后对说者会产生一种发自心底的鄙视，而且在旁人看来，一个论东家长西家短的人，和一只嗡嗡叫的苍蝇没什么两样，都是让人讨厌的。想用八卦来拉近与他人关系者，注定会事与愿违。没有人会相信一个喜欢说人隐私的人，他既然可以说他人的秘密，自然也能说出自己的秘密，对这样的人，还是敬而远之的好。虽然在背后论人长短的行为不好，但是我们可以在谈话中用旧瓶装新药，把说人是非变成一种巧妙的恭维。

有一天，有人告诉林肯，国防部长斯坦顿说林肯像个长臂猿，还说他是个蠢笨的傻瓜。按照一般人的思维，听到别人这样说自己，一定会恼怒地去反驳，并以言语攻击对方。但是林肯没有那么做，他微微一笑，说道："斯坦顿将军是一个很认真的人，他说的话总是八九不离十的，也许我真的如他所说，在某些事情上表现得呆笨不尽如人意了，我得好好反思一下。"

林肯所说的这番话，很快被传入了斯坦顿的耳中，他没有想到林肯竟会如此大度，更没有想到自己在林肯心目中的印象居然是好的。这番评价让他重新审视自己与林肯之间的关系，以后林肯提出什么议案，他也不再像以往一样必然反驳了。林肯去世之后，斯坦顿对着他的遗体说道："他虽遗世，但历史将永远铭记他！"从这句话就能看出斯坦顿对林肯的崇敬。

林肯当选总统之后，一直有些反对派看不惯他，他们会公然嘲笑他。如果林肯反唇相讥或者公然示好，也不会令境况丝毫有所改善，但是他最终采用了一种"背后鞠躬"的办法，借用他人之口，不动声色地笼络了反对派，这种手段才是真的高明。当然，在日常生活中，我们也同样可以利用这种方法来对另一个人示好。赞美的话不好当面说，就巧妙地借用他人的口委婉地道出赞美，然后自然而然就可以传情达意了。

苏玉迈和常新乐在商场上可以算得上是对手了，作为A市家装市场的两家最强企业的管理者，两人明里暗里的竞争一直持续不断，但是境况在另一家外企入驻之后发生了改变。外企财雄势大，很快就挤占了很大的市场份额。

苏玉迈看着业务量大减，心中着急，他想最好的办法就是和常新乐一起联合本地的多家企业，共同努力对抗外企。两人之前已经红了好几次脸了，怎么才能冰释前嫌呢？苏玉迈很快想了个好主意。

在一次聚会上，苏玉迈和几位家装老板聊天，说到常新乐的时候，苏玉迈说："常新乐是我这辈子最佩服的人了，虽然我们之前有些不痛快，但是他这个人脑子转得的确快，人也耿直，如果不是对手，我一定会跟他成为好朋友……”

这番话很快就传到了常新乐的耳朵里，他颇为感慨，没想到自己在苏玉迈的心目中是这样的，看样子以前是错怪他了。于是在下一次的聚会上，两人就站在了一起，共同商讨起对抗外企的办法。

人心就是这样奇妙，我们都认为当面讲的话不可信，那些经由他人传来的话更有可信性，因为越是看似不经心的话，越能表现出一个人的真实想法。而且，即便我们说出去的话不会传到另一方的耳朵里，听者也会因为我们对他人的正面评价而对我们产生良好印象，对于促进人与人的进一步沟通无疑也是颇有助益的。

迂回曲折，话要说得八面玲珑

/
说话直来直去当然不是一无是处，
但是八面玲珑的说话术显然是人际交往中最安全的方式，
既能迅速获得好感，又不至于在无意之间得罪人，让说者和听者能皆大欢喜。
/

在日常生活中，我们都希望遇见的人能直话直说，有一说一，有二说二，这样我们就能迅速从他的话中找出有用的信息，也能很快知道他的用意，省时又省力。但在很多时候，这种直来直去的说话方式很难动听起来，有的时候还很容易得罪他人，甚至还可能会把自己的缺点暴露出来，给他人攻击自己的机会。所以，在很多时候，把话说得迂回曲折一些还是很有必要的。这一点，我们可以多向《红楼梦》里的王熙凤学习。

林黛玉初进贾府，王熙凤看到林黛玉的第一眼，就忍不住啧啧赞叹，说道："天下竟有这么标致的人物，我今儿总算见着了，竟像嫡出的孙女儿。"这样简简单单的一句话，既赞美了林黛玉，又连带着将贾母和站在房里的迎春、探春、惜春一起夸赞了一番。如果王熙凤只是夸林黛玉一人，说她是难得一见的标致美人，那么自然就会得罪迎春、探春、惜春以及她们的母亲。但是，王熙凤可没这样做，后面的一句才是重点，“竟像嫡出的孙女儿”一句话，说明贾母嫡出的孙女儿也是一样的漂亮，这句话看似简单，其实在场上诸位听来，每个都是舒坦无比，人人都保全了面子。

我们在说话的时候，也应该首先考虑到对方甚至他人的情绪和面子，在说话之前要想一想，自己说出去的话会不会伤了对方的面子，会不会让旁人听了不舒服。要做到这一点，最稳妥的办法莫过于说话的时候保守一些，不要显露锋芒，别把话说绝对，通过七分的语言来传递十分的意思。这种功夫显然并不容易，一时半会儿练不成，但还是有些规律可以遵循的。

如果自己要说的话很刺耳，那么就不妨借用小故事的方式说出来。艾森豪威尔有一次去参加新闻界的聚会，席间有记者不断向他提出问题。

艾森豪威尔不好当面拒绝，但是有些问题涉及国家机密，他又不能说。于是，在大家请他讲话的时候，艾森豪威尔说道：“我记得小时候到农场里去，看到一名农夫在挤奶，我就问那位农夫：‘你的奶牛是不是纯种的呢？’农夫说：‘不知道。’我又问：‘那这头奶牛一个礼拜能挤出多少奶？’农夫还是回答不知道。我不停地问，最后农夫不耐烦了，他说道：‘你问我的问题我都不知道，我只知道这头奶牛很老实，只要有奶，都会给你。’”

说到这里，艾森豪威尔顿了一下，然后继续说道：“大家都知道我是一个不善言辞的人，说这个故事只是想让诸位知道，我和那头奶牛一样，只要有什么新闻，一定会告诉大家。”

听完艾森豪威尔的话，记者们都笑了，他们自然都明白艾森豪威尔的意思——请别追着我要新闻。

本来可能会让人很没面子的话通过这种迂回曲折的方式讲出来之后，变得让人更容易接受了，自然能得到记者们的体谅。

其实，这种迂回曲折的说话方式在我们的生活中随处都可以见到。妻子想让丈夫帮自己过生日，这样说道：“亲爱的，在26年前的今天，有一个女孩来到这个世界上，从那之后的每一年，她的父母都帮她过生日，去年她结了婚，那个英俊帅气的新郎发誓要永世爱她，和她度过以后的每一个生日……”丈夫听到这里，显然已经明白了妻子的意思，加上话语之间的恭维，丈夫自然会乐意为妻子办一个最好的生日宴会。

当然，如果我们说出来的话可能会引起他人的恼怒，那就更加需要小心，必须绕过弯倒过来说。

中期和秦王为一个问题争辩，巧舌如簧的中期把秦王问得无话可说，占得上风的中期得意扬扬地走出了皇宫，秦王看着他的样子，气得恨不能立刻杀了他。

这时候，中期的好友恰好站在秦王的旁边，看到秦王的样子，心知中期闯下了大祸，于是立刻对秦王说道：“中期这个人实在是太狂妄了，竟然如此对待皇上，如果他遇见的不是像皇上这样的明君，而是像夏桀、商纣一样的暴君，恐怕早就被砍掉脑袋了。”

秦王听了这话，心头的气已然消去了大半，也不再好意思因这种小事而怪罪中期了。

此人知道直接让秦王饶恕中期，可能更会导致秦王怒火中烧，于是他避而求其次，选择了迂回曲折的办法，把秦王奉为明君，既是明君，自然不会像夏桀、商纣一般胡乱杀人了。

想要掌握迂回曲折的说话技巧，把话说得八面玲珑，还需要我们在生活中不断摸索学习，日积月累，方能有所成就。

猜透心理再说话

/
抓住要点，事半功倍；用错方法，功夫全废。
聊天时察言观色，摸透对方心理，说对方希望听到的话，
谈对方感兴趣的话题，把话说到心坎里，这就是虏获人心的秘诀之一。
/

面对同样的一个人，有的人费尽了口舌也不能获得他的好感，而有的人只需简单几句，轻轻松松就能与之相谈甚欢。这其中的缘由归结到根本上，就是话说得对不对的问题。

什么样的话才算是说对了呢？判断的标准不是话语是不是够精彩，也不是够不够幽默，而是是不是揣摩透了人心，把话说到了他的心坎里。

人与人之间的交流，或多或少都是带着某种意图的。作为交流的工具，语言除了传达我们的思想之外，还承载了我们沟通的目的，而目的的实现，最终还是要归结到另一方的态度上。把话说到对方的心坎里，交流才能顺畅进行，我们的目的才能达到。所以，说话的时候准确地掌握对方的心理，站在对方的角度与之交谈，才能一语中的，事半功倍，这就是同理心在语言交流中的应用。

同理心是心理学上的一个术语，指的是站在对方的角度设身处地去思考的方式。说起将同理心运用得最炉火纯青的人，就不能不提贪官和珅了。当年乾隆皇帝去世之后，继任的嘉庆皇帝为了壮大自己的势力，抄了和珅的家，一共查获了总价值约11亿两白银的资产，这个数目比当时整个清政府年度财政收入的15倍还要多。和珅贪污这么多的资产，难道乾隆皇帝在世时丝毫不知吗？当然不是！那么为什么乾隆皇帝知道和珅贪污也愿意睁只眼闭只眼呢？说到根本上，还是乾隆皇帝不肯追究和珅的贪污行为，因为和珅是一个让他觉得不可替代的人。说起和珅一跃成为乾隆皇帝宠臣的招数，实在是再简单不过，那就是一个同理心，想皇帝之所想，为皇帝之所为。正是靠着这种本事，和珅得到了乾隆皇帝的信赖，成了他最为倚重的臣子。

知道乾隆皇帝喜欢吟诗作赋，和珅就特意找出乾隆皇帝所作的诗赋，分析诗赋中常用的典故及其出处，然后花大量时间记诵和进一步研究。前期准备做得足，和珅才能在乾隆的身边受到宠幸，无论乾隆问什么，和珅都能对答如流，这不仅让乾隆有种遇到知己的感觉，还会让他感到和珅知识渊博，须当重用。

除了这一点，和珅还能做到和乾隆皇帝同情同感。乾隆皇帝的母亲去世时，皇帝难过得食不下咽。文武百官纷纷上前劝谏皇帝节哀，说的都是一些体面动听的话。但这时候唯独和珅一句话也不说，他默默地跪在皇帝的身后低首垂泪，之后一连数日不肯休息也不肯进食，弄得自己憔悴不堪。皇帝见了分外感动，深觉天下只有和珅才能体会到自己的悲愁，因此更对他格外宠幸，尽管皇帝知道和珅有贪污之嫌，最终还是选择了睁一只眼闭一只眼。

还有一次，嘉庆皇帝和和珅去拜见当时已经退位的太上皇乾隆帝，两人见到乾隆帝的时候，他正盘膝而坐，双目紧闭，口中念念有词。过了一会儿，乾隆帝睁开双眼问道："此人何名？"嘉庆皇帝一头雾水，和珅却高声答道："高天德、苟文明！"乾隆帝这才点点头继续闭目默念。后来嘉庆皇帝问起和珅为何知道太上皇所言，和珅回答："我听说有种西域秘咒，只需默念便可令自己讨厌的人立即死于千里之外。普天之下能令皇上如此仇恨的人，莫过于白莲教贼首高天德、苟文明两人而已。"嘉庆皇帝听了立刻连连颔首，心中暗暗佩服不已。

了解其品性，感受其情感，揣测其心意，正是靠着这种本事，和珅最终成了乾隆帝眼前的红人。其实，在生活中，想要迅速和一个人拉近关系，就要时刻铭记同理心的原理，把自己当成对方，揣摩对方的心理，进而把话说到他的心坎上。如此，很多看起来很难的问题就能轻松化解，还能得到对方的信任和好感，能有个好人缘儿也是自然而然的事情了。

高柏阳去参加一个聚会，正好看到一位有过几面之缘的企业家坐在一旁若有所思地喝闷酒。

高柏阳走过去寒暄了两句，对企业家说："出来玩儿就只想开心的事儿，今儿咱哥儿俩不醉不归。”

企业家举起杯子道：“没错，但是我们公司的一批产品出了纰漏，我根本就笑不出来。”

高柏阳说道：“确实，谁遇见这种事儿都会心烦。”

“这还不算！”企业家说，“我们公司的首席设计师跳槽到了对手的公司……”

高柏阳听着、附和着，就这样企业家说着说着反倒情绪好了一些，他对高柏阳说：“谢谢你，兄弟，今天和你说这么多我心里舒服了很多，别为我担心了，一切都会好起来的，到时候咱们再坐在一起好好聊聊！”

其实整个过程高柏阳并没有为企业家提供什么可靠的建议，他只是付出了一份情感，感受企业家的困难并给予体谅和尊重，所以最终收获了对方的好感。

语言的力量有的时候超乎我们的想象，善用同理心的人往往可以抓住对方心理，把话说到别人的心坎里，如此便可获得别人的好感甚至信赖。世上那些总是专注于自己而不顾及别人心情的人即便是费尽了口舌也徒劳无功。同样的一句话，可能说得人笑，也可能说得人跳，区别如此之大，关键在于是不是感同身受地体会到了对方的心情。交流善用同理心，如此方为上上策。

话别说满，给自己留条退路

/
话说得太绝，就容易断了自己的退路；
留点儿余地，才能给自己回旋的空间。
适当运用模糊言语，既可保全面子，又能摆脱麻烦。
为人处世，理应如此。
/

中国有句俗话“事不可做绝，话不可说满”，如果一个人说话的时候总是信誓旦旦地把话说满，那么就等于堵住了自己的退路。仔细观察很多成功人士的辞令，我们很容易发现，他们说话总是含含糊糊，有些话甚至是说了也等于没说。为什么会这样呢？原因很简单，因为越是成功的人士，越需要为他们说过的话、做过的事情负责任，牵涉的利益是很多的，一句话不慎或者说出去的话不能兑现，造成的损失都是不可估量的。同样，在日常生活和工作中，我们也要保证自己说出去的话是留有一定余地的，适当的时候采用一些模糊言语，可以大大减少生活和工作中许多潜在的麻烦。

新年伊始，欢颜公司敲定了几个大项目，几个小组的组长都摩拳擦掌，想要争取到一个项目，这样在项目完成之后不但可以在公司扬眉吐气，还能增加升职的机会。经过一番竞争之后，孙阳和赵谦礼各自拿到了一个项目。

在项目启动的时候，领导问他们有没有信心。

赵谦礼点点头，说道："我会尽我最大的努力在合约约定的时间内完成。"

孙阳则说："请尽管放心，我保证提前完成任务。"

在这一刻，领导看孙阳的眼光明显多了一些赞许。但是，出乎所有人意料的是，赵谦礼居然闷声不响地提前三天完成了任务。而之前拍着胸脯打包票的孙阳遇到了难题，导致他在超过约定日期五天才完成任务。这时候再看领导那阴沉沉的面孔，孙阳知道这次升职的事情肯定是没戏了。

在生活中，我们都对那些总是喜欢说大话的人心生厌烦，不管他们是出于习惯讲大话，或者因为对自己太过自信而打下包票，只要他们说的话不能兑现，我们就会失望。大部分失望的源头就是起初他们的允诺已经拉高了我们的期望值，当最后的结果低于我们最初的期望值时，失望、烦躁就是必然的事情了。相反，像赵谦礼一样的人，在开始的时候就用好模糊言辞，将领导的心理期望值拉低，结果出色地完成任务之后，就会让领导产生一种意外的惊喜，这就是人的心理。

明代洪应明在其收集编著的《菜根谭》中曾经说："待人而留有余，不尽之恩礼，则可以维系无厌之人心；御事而留有余，不尽之才智，则可以提防不测之事变。”大致意思是说不管是为人处世还是说话办事，都要事先给自己留足余地，这样一方面可以摆脱麻烦，另一方面也可以给他人和自己留下面子。

某天，王新泰和耿永涛开车去办事，在路上不经意间看到赵经理挽着一个年轻的女孩子走在路上，王新泰立刻说道：“没想到啊，赵经理竟然也找了情人！”耿永涛仔细看了下说：“也不一定是情人吧？”“一定是，如果不是情人，怎么会那么亲热？”耿永涛耸耸肩，不置可否。这下王新泰急了：“我告诉你，如果不是情人，我把脑袋切下来给你当球踢！”耿永涛依然没有作声。三天之后，事情的真相揭开了，赵经理领着女孩来到公司，告诉大家那是他的亲妹妹。得知这个消息，王新泰立刻就垂下了头。耿永涛笑着说：“你的脑袋还是留着吧，我也没时间去踢球。”

王新泰之所以会那么尴尬，就是因为当初他把话说得太满了。如果他说“看上去好像是”或者“按照常理来说”这样的话，那么即便自己的推测错误，也可以用“真是出乎意料”这样的话为自己开脱。当然，这只是一件小事，最多也就是在别人面前没了面子。但如果是在面对一件大事的时候还是这样武断，那么就不只是没面子这么简单了。现在许多人都习惯用怀疑的态度去看世界，你说得肯定但又缺少理据的时候，人们心中的疑虑反倒会更重。就像一个销售员推销东西，他越是把这种东西说得天上有地上无，人们就越是要怀疑，这是人之常情。所以，无论到什么时候，为了自己的面子也为了自己的利益，在说话的时候适当运用模糊言语，给自己留下余地还是很必要的。

面对他人请求的时候，别一口答应，可以说："我试试吧，这事儿不是我一个人说了算。"或者说："我会尽全力去帮您做这件事。"而不是"没问题""这事儿包在我身上"这样的话。

在大家就一个问题展开讨论的时候，尤其是那些牵涉利益的事情，你对对方持否定态度，但是直接否决对方很可能会伤了对方的面子，你可以说："你的观点我也赞同，但是在实施的时候可能会遇到一些困难。"这样很显然是否决了对方的提案或者建议，但从表面上看是给对方留了面子，也为继续讨论留下了足够的空间。

在进行商业谈判的时候，如果对方开出的条件不在你的理想范围之内，你可以说："您说得很对，您给了不少中肯的建议，对此，我表示衷心的感谢，但是为了慎重起见，我还是想在做决定之前好好考虑一下。"这样无论是对己方还是对方来说，都有足够的回旋空间，无论合作成功与否都不会引起双方的不快。

无论何时，话别说满，用好模糊语言不仅可以保全面子，还更容易摆脱麻烦。

第五章

寻求合作与帮助的秘诀

“世上最难是求人”，但如果掌握好方法，巧妙沟通，就能把求人变得容易。合作无处不在，只要方法得当，就能有效地促进合作，实现利益的最大化。

语气比语意更重要

/
舒缓温和的语气给人一种轻松安适的感觉，
能令在场的每一个人感到放松，
从而营造一个良好的沟通氛围。
/

在沟通中，语气起着很大的作用。有的人说话招人喜欢，有的人说话招人厌恶，这跟语气是有很大关系的，因为语气包含了说话者的感情色彩。同样的一句话，如果用不同的语气来说，结果是大不相同的。

刘老师的班级里有一个孩子，性格比较孤僻，不善言谈，与同学们不合群，大家都笑话他，说他是智障。

刘老师刚担任班主任时，就暗地里对这个孩子进行了深入了解，发现他的智商没有问题，便有意识地鼓励他。

一次课外活动时间，刘老师见他独自坐在教室里，便走过去，温柔地跟他说："老师发现你上课听讲挺认真的，而且反应并不比别人慢，老师相信你是一个聪明的孩子，只要你努力学习，一定会成为一名优秀的学生。"这个孩子听了刘老师的话，认真地点点头。然后，刘老师把他带到同学们中间，带他一起和同学们做游戏。同学们受到刘老师的影响，都争着和他玩儿。慢慢地，这个孩子和同学的关系变得融洽了，学习成绩也提高了，再也没有人说他是智障了。

这位同学之所以能够变得开朗活泼，主要是刘老师态度认真、语气和蔼的结果。刘老师的语气充分地体现出他的真诚和关怀，让这位同学不由自主地接受他的建议，从而走出了自卑和封闭。由此可见，合适的语气能充分地表达自己的意思和情感，达到意想不到的效果。把握好说话的语气，在沟通中是非常重要的。

有这样一个故事：一天上午，女主人独自在家。她刚听完一段音乐，正要准备做午餐，突然听到一阵门铃声。

当她打开门时，发现一位彪形大汉手拿一把菜刀凶神恶煞般地站在门口。女主人见此情形，心跳加快，但是她很快镇定下来，装作不在意对方的菜刀，面带微笑温和地说道："哟，您是卖刀的呀！快请进吧。"

进屋后，女主人请他坐下，又热情地为他倒了一杯茶。这一意外之举令本想来打劫的大汉不知所措。女主人播放音乐，又坐下来温和地与大汉谈论刀，还不时地讨价还价。

整个过程，女主人始终用一种亲切的语气和这位男子说话，一切都显得非常从容。

大汉紧张的心情竟然慢慢地平静下来，抢劫的念头也渐渐消散了。他借机把刀卖给这位女主人，就赶快跑掉了。

语气的魅力竟然有如此神奇的效果，这实在出人意料。女主人凭着自己温和而亲切的语气打动了一个有犯罪企图的大汉，让他迷途知返。

当然，能说会道的人都具备掌控语气的能力。心理医生就是掌控语气的高手，他们用温和平稳的语气，放松我们的心情，让我们慢慢被他们的语言所吸引，从而获得解脱。

由此，我们可以看到语气的独特魅力。在日常的沟通交流中，要想让自己更好地掌控语气，就要注意把握语速、声调、音量，并且要注意自己的面部表情，使对方能够清楚地感受到自己的真诚，从而达到良好的沟通效果。

关上抱怨的闸门

/
抱怨的语言就像墙头的草，被风一吹就倒。
如果任由抱怨的杂草滋生，
只能使不如意的现状变得更糟。
/

抱怨是快乐沟通的拦路石，但很多人都控制不了自己的抱怨。其实，真正会沟通的人是不会抱怨的，因为抱怨不仅没有任何正面作用，相反还会带来负面影响。

晓东大学毕业后，到了一家传媒公司做销售专员。他毕业于名牌大学，个人能力也很突出，因此难免会有做大事的想法和冲动。

晓东对面的小刘是一个专科的毕业生，跟晓东同时入职。跟小刘相比，晓东明显各方面都有优势。所以，尽管两人都是同样的职位，但是晓东平时喜欢指手画脚，多出风头。

做了一个多月后，两个人都熟悉了业务，工作也熟练和轻松起来。晓东喜欢在小刘面前炫耀自己，而小刘总是谦虚地笑着。晓东以为小刘自卑，心里很是看不起他。

又过了一段时间，晓东觉得自己的能力做这份工作已经绰绰有余了。仗着自己的高学历，他去找领导要求升职。领导肯定了他的能力，同时认为他需要在基层再多磨炼些时日。晓东认为自己没有受到重视，感觉很是烦躁和委屈。

晓东开始向小刘抱怨起来，最后说凭借自己的能力，还可以找到更合适的职位。不过，晓东自己也知道换工作很麻烦，但是目前又得不到迅速升职，所以他时不时地就向小刘抱怨。

小刘总是微笑地听着，不怎么回应。看到他对待工作认真负责的样子，晓东常常劝他："做得差不多就行了，不需特别认真啊，在这样的公司里，做得再好也没有用。"

慢慢地，晓东越来越散漫，工作凑合着做，抱怨却越来越多了。随着与小刘越来越熟悉，他什么事情都跟小刘说，比如自己的房东很吝啬，坐地铁很挤，女朋友又让自己烦心，等等。刚开始的时候，小刘还微笑着并象征性地点点头，到了后来，小刘也不愿意听了，有时干脆就埋头工作，也不看晓东。

时间过得很快，转眼五个月就过去了。

一天，公司召开了大会，老板号召全体人员一起努力，让公司更上一个台阶。

在销售部门的会议上，小刘和另一个销售人员被提升为销售组长，工资翻了一倍。晓东和其余几个新来的员工工资只是有了微微的上调。

散会后，晓东非常郁闷。他找到领导，终于明白了原因。原来，晓东的能力的确很强，但是他性子太急，经受不起考验。同时，他又喜欢抱怨、发牢骚，而公司认为这样的人是不能担当大任的。小刘虽然学历较低，但是他的态度积极，个人综合素质也很过硬，并且他的作风很符合公司的要求，所以得到提升也是理所当然的事情了。

抱怨是最不理智的行为。经常抱怨，只能显得自己没有出息，对不如意的现状丝毫不起作用。

每个人都有不顺和烦躁的时候，如果不能有效地控制，就会像乌鸦一样不停地聒噪。贪图嘴上逞一时之快，只会消磨自己的斗志，惹来别人的厌烦。

从现在开始，每个人都要学着关上抱怨的闸门，以积极的心态面对生活。如果你相信每一天都会幸福，那你就能获得幸福。

小心手势的禁忌

/

当我们伸开手掌仔细观看，会发现五根手指排列得是那么完美。
这是上天送给我们的一份精美礼物，我们可不能胡乱使用它。

/

在日常的沟通交流中，有效地利用手势，对加深彼此的关系是非常有帮助的。但是，有些手势是不能随便用的，如果不加以注意，很容易引起别人的误会。

小明参加一个大型艺术公司的招聘。公司经理对包括小明在内的12个应聘者首先进行了统一面试。面试结束后，小明和其他3个人被留下接受最终的考核。

小明排在第二位，第一位出来时面无表情，“看样子是没通过”，小明心里窃喜，快步走进总监的办公室。总监很和蔼，他让小明坐在沙发上，便开始跟小明聊天。总监谈论的都是乐器方面的知识，小明懂得很多，所以他的紧张感逐渐消失，话也多了起来。当总监跟小明谈到钢琴的即兴伴奏时，小明的兴奋劲儿上来了。因为小明最擅长的就是即兴时候华彩的演奏，他能很贴切地配合歌曲本身，达到很好的效果。小明的话匣子一打开，就开始坐不住了，甚至想要站起来表达自己。他的双手挥舞着，食指一直对总监指指点点，他自己却浑然不觉。总监看到小明这个样子，觉得很不舒服，于是委婉地对小明说：“你的演奏能力的确很强，我们需要考虑考虑，你回去等我们的通知，好吗？”小明的兴致被打断了，他感觉很突然，因为他觉得自己完全有能力胜任这份工作，但也没有别的办法，只好默默地退了出来。

过了几天，小明去吉他老师那里上课。有不懂的问题时，他便用食指指着老师询问。老师注意到了他的动作，意味深长地对他说：“小明啊，你说话时怎么能用手指指人呢，要知道这样会让对方很不舒服。而且，在某些地区，用食指指人是侮辱和看不起的意思，以后可要注意啦！”

小明看着自己的手，很疑惑地说：“我平时怎么都没有注意到呢，我一激动就容易这样，以后还真得改改呀！”

手是人的第二张脸，在日常沟通中，我们不可避免地会用一些手势来衬托、补充语言。但是，手势的运用一定要注意忌讳，只有合乎规范，才不至于引起是非。

下面列出一些手势禁忌：

1. 跷手指：跷小指表示贬低、较小、较差的意思。用食指去指别人，会让对方感到很大的压力，而且还含有贬低、轻视的意味。

2. 挥手：两个人远远相见，挥手打个招呼，或者在分手时挥手告别，一般是手举过头顶，轻轻摆动。在美国掌心向下挥动打招呼是唤狗的手势。所以，遇见美国人时一定要谨慎使用挥手的手势。

3. OK手势：拇指、食指相接成环形，其余三指伸直，掌心向外。OK手势源于美国，表示同意、顺利、很好的意思，而在法国表示零或毫无价值，在日本是表示钱，在泰国表示没问题，在巴西则是表示粗俗下流，在突尼斯表示无用，在印尼表示不成功。

4. V形手势：这种手势是二战时英国首相丘吉尔率先使用的，现在已传遍世界，是表示胜利的意思。如果掌心向内，就变成骂人的手势了。

由于区域性的差异，手势的含义也有很多差别。所以，我们只有对手势有足够的了解时，才可以合理地运用。否则，还是要谨慎些，以免引起不必要的误会。

让批评的话在蜜糖里打个滚儿

/
如果批评不可避免，不妨讲究一下方式。
往药中加点儿糖，会让苦药更容易下咽；
往批评中加点儿糖，会让对方更容易接受。
/

许多人在听到直接批评后的第一反应是愤怒，这样的批评不但不能被接受，反而会得罪别人。所以当你批评别人的时候，不妨让批评的话在蜜糖里打个滚儿，先让对方尝尝甜头，再婉转地说出其不足，就会收到良好的效果。

小冬是一位腼腆的女生，平时很少说话，上课时不愿意表现自己，回答问题也从不积极，王老师决定帮助小冬改掉这个毛病。

一次语文课上，王老师请小冬朗读一段优美的课文。小冬用很小的声音念完了课文，同学们听后都开始议论她，有的甚至笑了起来，小冬很是伤心。

王老师对全班同学说："小冬的声音虽然有点儿小，但她的发音很标准，一个音都没有读错，大家都要向她学习啊！"小冬没想到王老师会表扬自己，她抬起头，脸红红地看着王老师。王老师微笑着，继续说道："相信大家从小冬的声音里可以体会到桂林山水是多么清幽了，不过，其他的部分要是她能读得再响亮些，更能让我们感觉到文字的优美和作者的情感。希望小冬同学以后多多练习，进一步提高自己的朗读水平。"王老师的这番话，既让小冬感到舒服，又让她意识到了自己的问题。此后，王老师经常叫小冬朗读课文，她读得越来越响亮。慢慢地，小冬也变得开朗起来。

1887年3月8日，美国伟大的牧师兼演说家亨利·华德·华奇尔逝世。之后，莱曼·阿伯特应邀为那些因华奇尔逝世而感到悲痛的牧师们演讲。他很认真地对待这次演讲，把演讲词改了很多遍，然后念给妻子听。妻子听后觉得枯燥无味，她本来想说："你写得太糟糕了，如果你这样演讲的话，我估计全场听众都会睡着的。"可是妻子考虑了一下，改变了自己的说法，她只说了一句话："这篇讲稿如果放在《北美评论》杂志上，会是一篇很优秀的文章。"这句话一语双关，一方面对这篇讲稿的内容表示了认可，同时也暗喻了这篇文字不适合公开演讲。莱曼·阿伯特明白了妻子的意思，把精心准备的演讲稿撕了，到现场后他即兴发挥，侃侃而谈，取得的效果好极了。

一见如故好办事

营造一见如故的气氛，能给对方留下亲切和深刻的印象，接下来的沟通也会变得更加顺畅。

找陌生人办事时，可以通过言谈动作营造一见如故的气氛，从而方便进一步沟通。

大赵是某中学的财务主任。春天来了，学校要举办大型运动会，大赵负责订购服装。他核算了学校的账目后，发现学校的经费不太多，于是就想尽力节省一些。他通过朋友了解到一家服装公司可以定制，价钱合理，还可以赊账，便想去试试。

大赵按照朋友的指引找到了服装公司的王厂长。大赵说明来意后，王厂长表示定制服装没问题，但赊账不行，因为公司规定只有长期合作的老客户才可以赊账。

大赵不甘心就这样回去，便采取迂回战术，先谈点儿别的。他听王厂长的口音有点儿特别，就问道："听您口音不是东北人吧？"

"我是山东枣庄人，30多岁的时候来东北做服装生意，一晃已经有

10多年啦！”王厂长感叹道。

“啊，枣庄是个好地方啊，我读小学时就在连环画《铁道游击队》上知道了。我3年前去了一趟枣庄，还颇有兴致地玩儿了一遭呢。”

听了这话，王厂长马上来了兴趣，二人就枣庄和铁道游击队谈开了。大赵刚来时的拘谨全部消散了，跟王厂长说得不亦乐乎。王厂长觉得大赵和自己非常投缘，就邀请他共进晚餐。饭桌上，两人边吃边聊，大赵又向王厂长说起赊账一事，王厂长爽快地说：“咱俩虽然初次见面，但就跟老朋友一样。我就给你这个面子，我不仅给你赊账，还给你打折，你们学校什么时候资金宽裕了再把货款送来吧！”

从此，大赵和王厂长成了好朋友，每年学校订购服装，王厂长都给大赵优惠，大赵也动员学生们帮着宣传王厂长公司的服装。有个学生的父亲是开布料生产厂的，就是通过大赵的介绍跟王厂长成了生意伙伴。

大赵和王厂长虽然是初次见面，但大赵找到了一个好话题，跟王厂长谈起了他的家乡，从而使两人一见如故，成功地得到了王厂长的帮助。

在向别人求助之前，可以做一番调查研究，从而有的放矢，迅速缩短双方的心理距离。

用恭维“逼”对方出手相助

/
充满着真诚的恭维能让听者身心愉悦，
情不自禁地伸出援助之手。
/

求人办事时，可以先称赞对方，让对方产生飘飘然的感觉。然后，再向对方提出请求，必要时还可以巧妙地为对方设置一些“挑战”。对方为了维护自己的权威，便会竭力帮助你，以证明自己的实力。

约翰逊是美国黑人富豪。他想在芝加哥为公司兴建一座办公大楼，但是缺乏资金，出入了无数家银行后，他始终没贷到一笔款。

这天，约翰逊邀请大都会人寿保险公司的一个主管一起吃饭。趁这个机会，约翰逊拿出带在身边的一张设计蓝图，准备铺在餐桌上。保险公司主管对约翰逊说：“这儿不方便，明天到我的办公室来谈吧。”

第二天，约翰逊如约前往，得到的答复是大都会公司很有希望给他抵押贷款。对此结果，约翰逊并不满意，他微笑着说：“好极了，但有一个问题，我今天就需要得到贷款的承诺。”

“你一定是在开玩笑，我们从来没有在一天之内给过这样的贷款承诺。”保险公司主管说。

约翰逊把椅子拉近说：“你是这个部门的主管，依我的经验来看，你年纪这么轻就能当上主管，一定非常了不起。我知道你在公司里很有威望，你们公司的事情大部分都是你说了算的，不是吗？”主管听到约翰逊的恭维，很是高兴，但瞬间他又谦虚地说道：“哪里啊，我做不了主的，我们公司通常要开董事会来研究和讨论的。”“我知道你们是个大公司，但是也许你应该试试看你有无足够的能力把这件事在一天之内办妥，我想，这也是检验你自己的一个机会吧。”约翰逊紧接着说道。主管笑了，说：“你这是在逼我啊，不过还是让我试一试吧。”

主管经过努力，终于把这事办成了。约翰逊成功地贷到了资金，大楼顺利地建了起来。

约翰逊首先用美妙的话语夸奖主管，让主管觉得自己很有面子；接着，约翰逊又建议主管挑战一下自己，主管感到权力和威严受到了质疑，便努力证明给约翰逊看，帮助约翰逊顺利地得到了贷款。

每个人都很在意别人对自己的评价，一旦得到对方的肯定，就会极力维护自己的形象，面对别人的求助就会努力去做，甚至帮不上忙反而会觉得过意不去。

小刚是一名业余的音乐爱好者。一次，他跟几个好朋友打算开一场小型的演唱会，但是一直找不到合适的钢琴伴奏者。通过朋友的介绍，他知道北京有一位音乐人小真钢琴弹得非常棒。于是，小刚来到了北京，想请小真为自己的演唱会做伴奏。

到了小真的住处后，小刚很有礼貌地说："我听朋友说你的钢琴弹得很棒，所以来拜访一下，顺便向您请教。"

小真听了很高兴，把小刚请进了屋。两个人聊了一会儿，小刚便希望小真表演一下，小真愉快地答应了，因为他非常喜欢弹琴给别人听。小真精湛的技艺征服了小刚，小刚下决心此行不达目的誓不罢休。在小真一曲弹罢后，小刚热烈地鼓着掌，对小真说："真精彩，我从未听过有谁的《天空之城》弹得比你好。你能随心所欲地驾驭钢琴，我非常羡慕。今天有幸听到你弹曲子，我非常激动，都后悔当初没有好好练钢琴了呢。"

"哪里，哪里，雕虫小技罢了，再说了，弹钢琴好的人太多了，北京就有无数呢。"

"但是，你的琴声深深打动了我，你把感情全部融进了琴声里，这一点并不是所有人都能做到的。"小刚真诚地说道。

"嗯，你真是我的知音，我的确在弹琴的时候很用心。"小真也认真地说。

"小真，你琴弹得这么好，可以帮我一个忙吗？我打算开一个演唱会，可是一直找不到合适的钢琴伴奏者，因为他们都是在机械地演奏，跟我的感觉很不一样。而你的演奏深深地打动了我，我觉得再也找不到比你更合适的人选了。”

“是吗？我其实也是业余的。”

“我从外地来到北京，就是因为仰慕你的演奏才华，你要知道，你是唯一让我觉得非常适合的人选。”小刚真挚的话语让小真深深感动，自豪感也油然而生。他觉得小刚这么远赶来，又这么欣赏自己，如果不答应他的请求实在是过意不去，便痛快地答应了。

小刚通过真诚的赞美让小真获得了极大的满足感，最后在小刚的极力邀请之下，毫不犹豫地答应了小刚的请求。

永远不要低估真诚赞美的威力，事情能不能成功，很大程度上取决于你的话语能不能让对方甜到心里。

诱“敌”深入，成功达到自己的目的

/

此处的“敌”并非真正的敌人，而是指求助对象。
当你预知对方可能会拒绝自己的请求时，不妨耍点儿小“花招儿”。

/

如果你请求别人为你做的事非常重要或者难度很大，别人的第一反应肯定会拒绝。为了实现目的，你最好对自己的主要目的避而不谈，先从简单易行的小事入手，让对方不知不觉中走入你预先设定的轨道。美国某报的总编辑雷特就是采用这一方法为自己成功地招募了得力干将。

雷特担任某报总编辑的时候，身边缺少一位精明干练的助理。他通过寻找和比较，盯上了年轻的约翰·海。当时约翰刚从西班牙首都马德里卸任外交官，正准备回到家乡伊利诺伊州从事律师职业。

雷特看准了约翰是把好手，可他怎样使这位有为青年抛弃自己的计划来报社就职呢？雷特想了一个好计划。

一天，雷特请约翰到联盟俱乐部去吃饭。饭后，他提议约翰到报社去看看。带领约翰随便参观报社的过程中，雷特“突然发现”了一条重要消息，那时恰巧国外新闻的编辑不在，于是他对约翰说：“请坐下来，为明天的报纸写一段关于这条消息的社论吧。”约翰没有拒绝，提笔就写。

社论写得很棒，深受读者欢迎，于是雷特请约翰再帮忙顶缺一星期、一个月，后来干脆让他担任这一职务。

就这样，约翰在不知不觉中放弃了回家乡做律师的计划，而留在纽约做新闻记者了。

雷特凭借这一策略，猎获了他物色好的人选。约翰在试一试、帮朋友忙的动机下，不知不觉地扭转了人生航船的方向。事前，雷特一点儿都没有泄露自己的本意，他只是请约翰帮他赶写一篇小社论，最后却圆满地实现了延揽人才的目的。

先请求别人做点儿容易的事情，给他一些成就感，他就会非常乐意去满足你接下来的请求。等他一步步接近你的目标，才会发现你的请求对他来说并不难。

另外，激发兴趣也是“引诱”别人帮你实现目的的好办法。

贝尔是电话机的发明人，他一直在寻求能提供资金的合作者。大资本家许拜特非常有钱，如果能够获得他的资助，贝尔就能够接着进行实验。但是，贝尔知道许拜特是个脾气古怪的人，向来对电气事业不感兴趣。于是，贝尔决定先想办法调动许拜特的兴趣。

贝尔来到许拜特的家中后，并没有直截了当地向对方说明预算能获得多少利润，也没有对他解释电话机的科学道理。

贝尔坐下来，先弹起客厅里的钢琴。弹着弹着，他忽然停下来对许拜特说：“您可知道，如果我把这只板踏下去，向这个钢琴唱歌，这钢琴便会跟我学。譬如，我唱一个do，这钢琴便会应一声do，这事您看有趣吗？”

许拜特放下手中的书本，好奇地问：“这是怎么回事？”

这时，贝尔才详细地向许拜特解释了和音和复音电话机的原理。通过这次谈话，许拜特愿意负担一部分贝尔的实验经费，贝尔如愿以偿。

这里必须指出的一点是，你对别人的求助必须是合法、正当的，如果你以正当的事情来掩盖自己的非法目的，即使侥幸得手，最终的结果只会害人害己、自食其果！

巧妙地把“借”字说出口

/
日常生活中我们难免会遇到拮据或者短缺的情况，
只要我们掌握方法，就能大方地把“借”字说出口。
/

有这样一则小笑话：门外传来了敲门声，乔对妻子说：“我敢打赌，准是隔壁的布鲁格那家伙借东西来了，我们家一半的东西他都借过。”“我知道，亲爱的。”乔的妻子说，“可你为什么每次都向他让步呢？你不会找个借口吗？这样他就什么都借不走。”“好主意。”乔走到门口，去给布鲁格开门。

“早晨好，”布鲁格说，“非常抱歉来打搅您。请问您今天下午用修枝剪吗？”

“真不巧，”乔答道，“我今天整个下午都要和妻子一起修剪果树。”

“果真如我所料。”布鲁格说，“那么您一定没时间打高尔夫球了，把您的高尔夫球杆借给我，您不会介意吧。”

生活中，我们不可避免地要向别人借一些东西。这个时候，掌握一点儿沟通技巧，能让别人高高兴兴地把东西借给自己。

首先，我们要用商量的语气跟对方说话，并告诉归还时间，正所谓“好借好还，再借不难”。小明要抓紧时间写一本书，可是电脑出了点儿毛病，他便想跟同学小东借用电脑。小明找到小东商量说：“小东，我最近要赶写一本书，但是我的电脑突然坏了。你的电脑能借我用几天吗？我可以支付给你一定的使用费。”“看你说到哪里去了，反正我平时用得不多，也就是看看电影，你要用就拿去吧。”小东笑着说。“谢谢你啊，小东，我会抓紧时间写，五天后一定还给你。”“不急不急，你慢慢用吧。”小明真诚地跟小东商量，并告诉对方归还时间，从而缓解了对方的心理负担，顺利地实现了自己的目的。

卡耐基曾经说：“向人借钱应当直截了当地提出来，不必解释这解释那的。对方愿意借的话，你不用多说也会借给你；反之，说得再多也是白费口舌。你直接提出借钱，对方不答应，你只要说声‘没关系’就行了，这并不会发生尴尬；如果你先讲了一大堆借口，对方却依旧拒绝，这样反而使双方都可能陷于尴尬之中。”

卡耐基在读书时代，有一次交了学费之后，身上只剩下几美分。他打算打工赚取生活费，但是他得先解决眼前的吃饭问题，便准备向同学借点儿钱。

“杰克，请借给我10美元吧。”他直截了当地说。

“戴尔，”杰克说，“真是对不起，这段时间我手头也不太宽裕，请原谅。”

双方都十分坦率，所以都很自然。

“没关系，杰克。”卡耐基坦然地说，“我另想办法就行了。”

“戴尔，这样吧，”杰克又说，“汤姆好像有富余的钱，你不妨向他借借看吧。”

“好的，谢谢你，杰克。”

当卡耐基遇到汤姆的时候，说：“汤姆，你能不能借给我10美元？”

“戴尔，”汤姆说，“真是抱歉。我本来有钱借给你的，不过今天正想买一辆自行车，也不知道买了之后能剩多少钱。”

“没关系，汤姆。”卡耐基笑着说。

“等我买了自行车后，如果剩下的钱多，我就拿给你。”

“好的，谢谢你，汤姆。”

下午，汤姆走进卡耐基的宿舍，说：“戴尔，我的钱还剩下很多，你借10美元够用吗？”

“够了，谢谢你。”卡耐基说。

汤姆主动表示说：“钱多一点儿方便些，借你15美元好了。”

“不用了，汤姆。”卡耐基婉言谢绝，“10美元就行了，谢谢你的好意，汤姆。我很快就会还给你的。”

由此可见，“借”不是什么难事，只要真诚有礼，别人一定会理解并主动借给你。

小付出换取大回报

/
在求人帮助时，可以先为对方做些事，让对方尝点儿甜头，
这样，对方便很有可能会因为人情和面子而回报你。
/

清代著名画家、“扬州八怪”之一的郑板桥，一生恃才傲物，鄙视权贵。很多达官贵人想索求书画，都被他拒之门外。

有位大富豪新居落成，想请郑板桥赐几幅画增辉，但一连几次都吃了闭门羹。富豪也是心高气傲之人，受此打击，一气之下，发誓要让郑板桥心甘情愿地为他画几幅画。于是，他派手下人四处打探郑板桥的生活习惯和兴趣爱好。

一天，郑板桥出来散步，忽然听见远处传来悠扬的琴声，曲调甚是优雅。他循声而去，发现琴声出自一座庭院，院门虚掩。

郑板桥推门而入，眼前的情景让他大感惊讶：庭院内修竹叠翠，奇石林立，竹林内一位老者鹤发童颜，银须飘逸，正在独自抚琴。

老者一见郑板桥，琴声戛然而止，他热情地邀郑板桥入座。两人谈诗论琴，颇为投机。

谈兴正浓时，仆人捧上一壶酒，还有一大盆烂熟溢香的狗肉，送到他们面前。

老者说：“请！”郑板桥禁不住诱惑，也不便推辞，于是不客气地吃起来。

一顿美餐之后，郑板桥发现自己连老人姓名都还不知道，总不能吃完后说声告辞就走吧，然而，又该怎样答谢人家呢?

于是，他主动对老者说：“今天能与您老邂逅，实在是幸会，感谢盛情款待，我无以为报，请您找些纸笔，我画几笔，也算留个纪念吧。”

老者谢道：“老夫平生喜欢琴棋书画，今天可谓遇上知己了。”说完找来笔墨纸砚。郑板桥画完，问老者名姓并在画上落款。

第二天，这几幅字画就挂在了大富豪的新居里。富豪请来宾客，共同欣赏。宾客们原以为他是从别处高价买来的，但一看到字画上有他的大名，这才相信是郑板桥特意为他画的。

消息传开后，郑板桥简直不相信自己的耳朵，没想到自己贪吃狗肉，竟然落入了人家的圈套，心甘情愿地为对方作了画。

郑板桥因为先得到了甜头，所以心情非常好。而且他看到老者如此盛情有礼，便很想报答对方，在这种心理驱动下，他主动为对方画画留念。

很多时候，人都是碍于面子和情分，自然而然地答应对方的请求。

法国皇帝路易十四当政期间挥金如土，穷奢极欲，出现了严重的财政危机。为了缓解这一状况，路易十四便想向银行家贝尔纳尔借钱。

一天下午，路易十四走出马尔利宫，和随从的宫廷人员一起逛花园，他走到一幢房子前停了下来。

那幢房子的门敞开着，路易十四的财政大臣德马雷正在里面盛宴款待贝尔纳尔先生。当然，这宴席是事先奉路易十四之命安排的。

德马雷看见路易十四，急忙上前行礼。路易十四满面笑容，故作惊讶地说："啊，我的财政大臣，我很高兴看到你和贝尔纳尔先生。"

路易十四又转向后者说："贝尔纳尔先生，你从来没有见过马尔利宫吧，走，我带你去瞧瞧，然后我再把你还给德马雷先生。"

这是贝尔纳尔没有想到的，他感到非常荣幸。贝尔纳尔跟着路易十四到养鱼池、饮水槽、塔朗特小森林和葡萄架搭成的绿廊等处游玩了一番。

路易十四一边请贝尔纳尔观赏，一边滔滔不绝地介绍。他亲自给贝尔纳尔介绍各处景观，并让贝尔纳尔亲身体验了很多美妙的事物，贝尔纳尔流连忘返。最后，路易十四还给了贝尔纳尔特殊的承诺——以后可以随时来马尔利宫游玩。这可是一个天大的荣耀，贝尔纳尔非常得意。游玩之后，贝尔纳尔非常兴奋地回到德马雷那里，他赞叹路易十四如此平易近人，说他不知道如何报答才好。此时，德马雷乘机提出了向他借600万元巨款的要求，贝尔纳尔酒酣耳热之际欣然应允。

求人办事讲究智慧，先给对方一个小小的甜头，就能让对方感恩，这时再寻求帮助就是一件非常容易的事情了。

放眼长远，实现价值最大化

/

在沟通中，恰当地向对方描述长远利益和前景，
可以激发对方进行交谈的兴趣和积极性，从而促进合作。

/

合作是建立在一定的利益基础之上的。如果能让对方觉得与你合作对其长远利益非常有帮助，对方自然会被吸引，愿意跟你合作。

有一家制造灯泡的公司处于初创阶段，产品销路不畅，公司希望代理商们积极合作，使他们生产的灯泡能够打入各级市场。于是，董事长邀请了各家代理商，向他们推荐新产品。董事长说："经过多年的苦心研究，本公司开发出了灯泡的新品种，虽然它还称不上是一流的产品，只能说是二流的，但是，我仍然要拜托各位，以一流的产品价格来向本公司购买。"

全场不禁哗然，谁愿意以一流的价格来购买二流的产品呢？

董事长看着大家疑惑的表情，接着说："目前灯泡行业中可以称得上一流的，全国只有一家。他们垄断了整个市场，任意抬高价格，大家仍然要去购买。如果有同样优良的产品，但价格便宜一些的话，对大家

来说不是福音吗？”

见大家还不明白，董事长接着说：“就拿拳击比赛来说吧，拳王阿里的实力很强，但是必须要有个实力相当、身手不凡的对手来和阿里打擂台，这样的拳击才精彩。现在，灯泡制造业中就好比只有阿里一个人，你们在这个行业里也赚不了多少钱。如果突然出现一位对手，就有了互相竞争的机会。把优良的新产品以低廉的价格提供给各位，大家一定能得到更多的利润。”

“董事长，你说得不错，可是目前并没有另外一位阿里呀！”董事长认为摊牌的时间已经到了，他说道：“我想，另外一位阿里就由本公司来充当好了。为什么目前本公司只能制造二流的灯泡呢？因为本公司资金不足，所以无法在技术上有所突破。”

“如果各位肯合作，以一流产品的价格来购买本公司的二流产品，这样我就可以筹集到一笔资金，把这笔资金用于技术更新或改造。相信不久的将来，本公司一定可以制造出优良的产品。这样一来，灯泡制造业等于出现了两个阿里。而且，毫无疑问，灯泡产品质量必然会提高，价格也会降低。”

董事长的话产生了极大的反响，收到了很好的效果。代理商们不仅扩大了订单，而且愿意出一流的价格购买。

董事长分析了合作的长远利益，得到各位代理商的认同，最后促成了合作。

在与他人的合作中，要充分展现出自己的价值，这样才能赢得对方的信赖。

小胡听说小马要找人合伙开一家音乐工作室，便去毛遂自荐。小马之前已经和几个人接触了一番，但感觉对方的能力都不足，让自己很不满意。这时，小胡的到来让小马重新燃起了希望。

小马先对音乐室的规划和发展前景进行了介绍。小胡觉得小马考虑周详，合作起来一定能成功，便决心争取得到合作的机会。于是，小胡真诚地介绍了自己对音乐行业的理解以及从业经历。小马意识到小胡有非常高的音乐素养，精通很多乐器，对音乐制作的前期、后期都很熟悉，能掌控整个制作过程。如果两人合作，小胡可以独立完成音乐制作，自己则可以把主要精力投入到市场开发中去，这样能保证工作室的长期发展。

就这样，小胡和小马彼此欣赏，很快开始了合作。

合作不是简单的交往，是各项能力的综合体现。我们跟别人合作时，一定要将自己的优势和最大价值展现出来，和别人一起实现美好的梦想！

敢于冒险和尝试

/
很多人渴望成功，却不愿冒险。
冒风险是生命中无法避免的事情，
冒可控制的、已知的风险是生命中明智的选择。
/

想成功，就得有一颗敢于冒险的心。没有冒险精神，不去尝试，就什么也不会得到。

韩国现代集团是世界著名的综合性企业集团，这家集团的创始人是一位赫赫有名的大富豪，也是世界上知名度颇高的一位大财阀，他就是郑周永。

1965年，郑周永首次承包了泰国的一条高速公路，而后相继在关岛、越南、新几内亚、巴西等国家承建了大批工程，并且大获全胜。从此，他揭开了进军世界市场的序幕，而且一发而不可收。

在行业竞争中，郑周永表现出非凡的魄力。最惊心动魄的一幕是郑周永承建的迪拜海湾工程。这项工程预算总投资达15亿美元，工程浩大乃世界罕见。所以说，任务之艰巨是难以想象的。但这项工程是否能承建关系着郑周永的前途命运，究竟该如何抉择呢？

魄力惊人的郑周永经过冷静思考，决定大干一场。经过与其他实力雄厚的建筑公司的激烈角逐，郑周永终于以9.3亿美元的“倾销价格”承包了迪拜海湾工程，令世人刮目相看。

面对困难，郑周永没有退缩，反而表现出超凡脱俗的大家风度。他大胆、果断地决定采用立体平台船装载运输沉箱，每次运输将有损失25亿美元的风险。这对郑周永来说，将是一件非常头痛的事情。但是郑周永没有畏惧这样的风险。他和他的员工们克服了一个又一个困难，最后终于完成了迪拜海湾工程，而且工期比原计划的36个月提前了8个月。

从郑周永的经历之中，我们看到成功总是隐藏在风险的身后，要想得到它，就必须冲破风险的难关。如果因为惧怕风险而放弃，那么你将永远与成功擦肩而过，一生都不会得到值得骄傲的成就。萧伯纳说：“对于害怕危险的人，这个世界总是危险的。”每个人都希望自己有一个表现的舞台，都渴望成功。但是，大多数人常常无法实现自我超越，就算有冒险与创新的想法，也因为怕麻烦和风险而不愿实施。所以，成功者从来都是少数。

如今已经占据世界首富地位多年的比尔·盖茨，能够获得今天的成就也得益于他敢于冒险、不断进取的精神。现代社会竞争激烈，要想在变幻莫测的IT领域中独占鳌头，就必须敢于尝试，在不断的尝试中找到成功的契机。比尔·盖茨多年稳立潮头，正是因为冒险已经成为他天性的一部分。

没有一个机会是可以摆脱风险的，也没有一次成功是轻而易举的。比尔·盖茨在少年时期便显露出他对于冒险的兴奋，他甚至认定那些只有冒险得来的成功才算真正有意义的成功。他的争强好胜、超强的自信心以及惊人的控制力，都使他不断地游走在冒险与成功的交界。在哈佛读书的第一年中，比尔·盖茨便让自己冒险：他总是逃课去做别的事，而在考试前才拼命地复习。而他这种冒险为他带来了更多接触校外世界的机会，让他开始锻炼自己作为一个成功人士的基本素质——用最小的成本获得最大的收益。

退学之后，比尔·盖茨的冒险显得更加疯狂起来，他创办了微软，并成为这个行业之中的龙头老大。他所有的举措都会给行业带来震动，甚至引发人们关于垄断的讨论。在工作之余，比尔·盖茨还喜欢那些充满了刺激的运动，飞车和游艇是他的最爱，一个人驾驶汽车在沙漠飞驰或者驾驶飞机飞越山峰都是他常做的事，而他也正通过这些事来让自己不断保持冒险的心性。

冒险是推动社会进步、科技发展的原动力之一，人类之所以能够有今天的成就，也是因为不断冒险而得来。在生活中凭借经验所做的任何一次决定，都是一次冒险，而如果没有了这些冒险，我们的生活将还处在茹毛饮血的时代，那些伟大的科学发现将永远与我们无缘。

大度可容天下事

/
"海纳百川，有容乃大，壁立千仞，无欲则刚。"
在与人交往时，若能做到宽宏大量，不斤斤计较，
一定会有意外的收获。
/

俗语说得好："人之心胸，多欲则窄，寡欲则宽。"因此，在与人交往时，不要斤斤计较，退一步海阔天空。下面，让我们来看一下"六尺巷"的由来。

清朝康熙年间，文华殿大学士兼礼部尚书张英为朝廷一品大员。他为官两袖清风，处世谦逊谨慎，对自己的家人要求非常严格。

一天，张英收到一封家里人的来信。原来，老家人要整修府第，但因宅基地界不清，与邻居方家发生了争执。两家的宅第都是祖上的产业，时间久远了，本来就是一笔糊涂账，公说公有理，婆说婆有理，两家都不肯相让。由于张、方两家都是名门望族，当地官府感到此案很难办，左右为难。张家人只好写信把这件事告诉了张英，希望借助张英的势力让方家让步。张英大人阅完信，微微一笑，挥起大笔，写道：千里修书只为墙，让他三尺又何妨。万里长城今犹在，不见当年秦始皇。

家人打开书信一看，明白了张英诗句中饱含的谦让的深意，立即动手将墙拆了，退让三尺，人们交口称赞张家人的旷达。邻居方家深感不安，全家一致同意也把围墙向后退三尺。两家人的争端很快平息了，从此，两家之间多了一条巷子，这就是后来被人们广为传颂的“六尺巷”。

“君子有容人之量”，张英劝告家人要谦让、大度，使得争端得以顺利解决，同时也留下了“六尺巷”的佳话。

在工作和生活中，不乏心胸狭窄、不能容人之辈。面对这样的人，我们更要有宽广的胸襟，做到“宰相肚里能撑船”。

春秋时期，鲍叔牙和管仲二人是好朋友，彼此相知很深。

齐襄公在位时，荒淫无道，滥杀无辜，人人自危，人们纷纷逃往别处。公子纠由管仲辅佐逃往鲁国，公子小白则由鲍叔牙辅佐逃往莒国。公元前686年，齐国内乱，襄公被杀，国内无君。逃往国外的公子纠和公子小白率人回国争夺王位。在回国途中，管仲曾驱车拦截公子小白，引弓射箭，正好射在公子小白的衣带钩上，公子小白趁势弯腰诈死，骗过了管仲。管仲得意之际没有细细察看就去向公子纠报喜去了。

公子小白日夜驱车抢先赶回国内，继承了王位，称为齐桓公。公子纠失败被杀，管仲也成了阶下囚。齐桓公要拜鲍叔牙为相，并欲杀管仲报一箭之仇。鲍叔牙坚辞相国之位，并指出管仲之才远胜于己，他说：“只有管仲能担任相国要职。宽惠安民，治理国家，制作礼仪，指挥战争，我都比不过他。”鲍叔牙极力劝说齐桓公要不计前嫌，用管仲为相。于是齐桓公不计前仇，重用管仲。

后来果如鲍叔牙所言，管仲的才华逐渐得以施展，协助桓公在经济、内政、军事方面进行改革，数年之后，齐国转弱为强，成为春秋前期中原地区经济最发达的强国，齐桓公也成就了“九合诸侯，一匡天下”的霸业，成为春秋五霸之一。

齐桓公心胸宽广，不计前嫌，不愧为一代明主。我们敬爱的周恩来总理同样具有这种宽宏大度的容人之量。

有一次，理发师给周总理刮脸时，总理突然咳嗽了一声，理发师手一抖，就把总理的脸刮破了。这时，理发师十分紧张，以为总理会责罚他。出人意料的是，总理不但没有责怪他，反而和蔼地对他说：“这并不怪你，我在咳嗽前没有向你打招呼，你怎么知道我要动呢？”

总理的这句话暖人心田，也让我们看到了总理身上可贵的品质——大度。

宽宏大量是一种美德，被人们所崇尚。在与人沟通中，要宽以待人、严以律己，从而赢得别人的尊敬和爱戴。

用闲聊拉近彼此的距离

/
朝夕相处的同事谁都免不了互相聊上几句，
一来交流信息，二来沟通情感。
/

工作之余，同事间聊聊天，放松一下精神，消除工作带来的疲劳，是非常惬意的事。

阿华善良、老实、性格内向，不爱与人交谈，总是不能引起大家的注意。所以，尽管他在工作上勤勤恳恳，业绩出色，可是在公司里没有一个知心的朋友，同事们都不大喜欢像他这样沉默寡言的人。

一次，阿华和同事罗琳一起出差。在火车上，实在是无聊，罗琳就和阿华谈谈天气，谈谈美食。不一会儿，罗琳感觉实在是没什么话题可聊了，就有些犯困。

这时候，阿华突然瞥见罗琳脚上穿着一双款式很新潮的皮鞋，非常抢眼，于是就说："罗琳，你这双鞋子很时尚，很适合你，在哪里买的？"

阿华原本只是不经意的一说，但罗琳一听，顿时来了精神。"这双鞋啊，可是世界名牌呢！”罗琳的话匣子一下子就打开了，滔滔不绝地讲述自己在服装搭配上的心得，还善意地指出阿华平时着装的不足，两人言谈甚欢。

在以后的工作中，罗琳碰到阿华总会热情地打招呼，聊上几句。阿华也因此和罗琳熟悉了起来。

在阿华生日的时候，罗琳还招呼其他同事一起来庆祝，阿华很是感动。

从此以后，阿华在罗琳的带动下，和同事们慢慢地打成了一片，关系很是融洽。

阿华和同事关系的改善得益于一次成功的闲聊，正是那次与罗琳间的谈话，拉近了彼此的距离，也收获了融洽的同事关系。闲聊能增进感情，使同事间的关系更融洽。但任何事物都有一个范围和尺度，与同行、同事闲聊时，最忌讳说三道四、搬弄是非。

卡莉和凯丝是关系很好的朋友，两人毕业于同一所大学，又进了同一家公司。她俩在工作上互帮互助，关系融洽得很。但是随着卡莉被提升为部门主任，凯丝的嫉妒心就开始暗中作祟，她心想：卡莉有什么了不起，在学校的时候还没有我优秀呢，为什么提拔她呢？

凯丝突然想起卡莉刚进公司时，曾对自己说：“我们的经理真是又年轻又帅气，跟他一起工作干劲十足。”那时，凯丝只把这当作一句玩笑话。现在不同了，她开始怀疑卡莉是利用美色才得到这个职位的。

凯丝把卡莉的这句话告诉了很多同事，大家对此反应不一，有的一笑置之，有的窃窃私语、半信半疑，还有一些人喜欢搬弄是非，就添油加醋地传来传去。大家看卡莉的眼光马上不一样了。

这些突发状况让卡莉很困惑，后来才慢慢发现是凯丝从中捣鬼，两人一下子从好友变成了陌路。

流言蜚语是生活中的软刀子，一旦传播出去，后果不堪设想。很多人对说长道短的人都怀有强烈的戒心，经常搬弄是非的人会让同事避之不及。

有个长舌的老妇人向牧师承认说过许多人的闲话，她想知道还有没有办法可以弥补。

牧师递给老妇人一个枕头，要她到教堂的钟楼上，把枕头里的羽毛散到空中去。她照着做了。

牧师说："好吧，现在把每一根羽毛再收集起来，放回枕头里去。"

这位老妇人为难地说："牧师，那是办不到的。"

牧师严肃地说："同样，要追回所说的每一句闲话，那就更难办到了。"

同事之间相处要以诚为先，适当闲聊、拉拉家常本无不可，但切忌探听和传播他人的隐私，搬弄是非的人最终会搬起石头砸自己的脚。

别输在不会聊天

版式设计：蒋碧君
文字编辑：于海清
美术编辑：罗筱玲